公园城市发展范式
理论分析与实践研究
上 卷

潘家华　廖茂林 等◎著

中国社会科学出版社

图书在版编目（CIP）数据

公园城市发展范式理论分析与实践研究. 上卷 / 潘家华等著. —北京：中国社会科学出版社，2022.12
ISBN 978 - 7 - 5227 - 1085 - 3

Ⅰ.①公… Ⅱ.①潘… Ⅲ.①城市建设—研究—中国 Ⅳ.①F299.21

中国版本图书馆 CIP 数据核字（2022）第 235114 号

出 版 人	赵剑英
责任编辑	谢欣露
责任校对	周晓东
责任印制	王 超
出 版	中国社会科学出版社
社 址	北京鼓楼西大街甲 158 号
邮 编	100720
网 址	http://www.csspw.cn
发 行 部	010 - 84083685
门 市 部	010 - 84029450
经 销	新华书店及其他书店
印 刷	北京明恒达印务有限公司
装 订	廊坊市广阳区广增装订厂
版 次	2022 年 12 月第 1 版
印 次	2022 年 12 月第 1 次印刷
开 本	710×1000 1/16
印 张	11.5
字 数	161 千字
定 价	59.00 元

凡购买中国社会科学出版社图书，如有质量问题请与本社营销中心联系调换
电话：010 - 84083683
版权所有 侵权必究

目　　录

第一章　公园城市发展的历史逻辑与范式创新 ……………………（1）
　第一节　经济社会系统发展极限与生态文明转型机遇 …………（2）
　第二节　城市发展范式革命与演进
　　　　　——基于城市发展范式的历史逻辑 ……………………（4）
　第三节　时代巨变、文明转型与公园城市革新 …………………（10）
　第四节　公园城市发展范式的科学属性 …………………………（19）
　第五节　面向未来：公园城市发展的终极思考 …………………（24）

第二章　公园城市发展范式的学理基础和动力支持 ……………（32）
　第一节　公园城市的哲理基础 ……………………………………（33）
　第二节　公园城市的经济理性 ……………………………………（39）
　第三节　公园城市的生态逻辑 ……………………………………（50）
　第四节　公园城市的韧性建设 ……………………………………（60）
　第五节　公园城市的动力支持 ……………………………………（64）

第三章　公园城市规划设计 ………………………………………（67）
　第一节　公园城市规划设计的本质内涵 …………………………（67）
　第二节　公园城市规划设计的价值目标 …………………………（74）
　第三节　公园城市空间规划设计的路径方案 ……………………（78）
　第四节　公园城市建设的基本路径 ………………………………（84）

  第五节 公园城市规划设计案例 ……………………………（88）

第四章 公园城市评价指标体系构建 ……………………（97）
  第一节 现有指标体系评价 ………………………………（98）
  第二节 公园城市评价指标体系构建新要点 …………（101）
  第三节 评价指标体系的构建 …………………………（103）
  第四节 公园城市评价指标体系构建未来展望 ………（114）

第五章 公园城市的建设路径 ……………………………（116）
  第一节 城市建设的实践探索 …………………………（116）
  第二节 公园城市建设的更新改造路径 ………………（119）
  第三节 公园城市建设的拓展新建路径 ………………（123）
  第四节 公园城市城乡融合发展的乡村表达 …………（129）
  第五节 公园城市区域协同建设的显性表达 …………（137）

第六章 迈向生态—社会双向多元善治的公园城市
     治理新模式 …………………………………………（144）
  第一节 治理的历史与超越 ………………………………（145）
  第二节 公园城市治理模式的内涵 ……………………（150）
  第三节 公园城市的治理主体及其网络关系 …………（152）
  第四节 公园城市的高效治理方式 ……………………（156）
  第五节 公园城市率先实现生态—社会双向多元
      善治的条件 …………………………………（170）

参考文献 …………………………………………………………（172）

后 记 …………………………………………………………（178）

第一章 公园城市发展的历史逻辑与范式创新

人口从乡村到城市的聚集是人类历史上的一大创举。两千多年前亚里士多德就曾说过，人从乡村迁往城市是希望生活得更美好。"生活得更美好"是人类在实现自身发展过程中朴素而又有丰富内涵的愿望，人们因为追求"生活得更美好"而迁往城市，这是城市形成和发展的根本动力。城市因人而建，为人所建，为人而建。城市发展的终极目标是实现人类发展。不同于乡村散居、孤立、封闭且脆弱的社会结构，城市更加集聚、开放并具有韧性。其特殊的组织形式，使城市更容易吸引和集聚物质、能量、人口、货币、信息等要素，也使城市比乡村具有更加丰富且高效的价值转化形式。城市为居民谋取更好的生活福利，也为促进人类发展提供了无限可能。因此，城市在人类物质文明和精神文明发展过程中扮演着重要角色。

然而，城市在促进人类发展的进程中也暴露出不同时代城市的问题。由于技术条件的限制，古代城市对自然和社会风险的抵御能力有限，饱受自然灾害、瘟疫、战争等自然和社会问题的侵扰；而进入工业文明之后，技术手段激增，城市改造自然、影响自然的能力发生了翻天覆地的变化，大大提升了自身对外界干扰的免疫力和抵抗力，城市集聚和组织物质、能量、人口、货币、信息等要素的能力也大幅度提升，但也因在相对狭小的空间范围内过度集聚而造成了一系列的资源短缺、环境污染、气候变化、交通拥堵、疫情防控艰难、社会两极分化等生态环境问题和社会矛盾，严重削减了城市居民甚至全人类的福祉。城市发展范式也在应对这些矛盾的过程中不断迭代更新。可以说，从古代城市到近代城市再到现代城市，从原初城市到商业城市再到工业城市，以及从对工业城市进行反思中所产生的花园城市、田园城市、山水城市、生态城市等新兴城市，到我们本书要研究的公园城市，创建一种人与自然和谐发展的理想城市一直是人们孜孜以求的目标。

第一节 经济社会系统发展极限与生态文明转型机遇

随着物质生活水平的提高，人们的需求层次沿着马斯洛需求金字塔向上提升，单纯的社会经济产品与服务的增加已经难以满足人们对于美、绿色、健康等的需求，人们对于生态产品和服务的需求与日俱增。传统城市的社会经济福祉的提升是以生态福祉的削减为前提的。[1] 纵观整个城市发展史，不难看出，传统的城市发展路径都是基于一种"技术经济"的理念，即通过改进技术、扩大生产资料范围、提高生产资料的组织效率等手段来推动社会经济的发展。这一过程的典型代表是工业城市的产生、发展和壮大。然而，我们不能忽视技术经济的极限性。技术经济终归是建立在对能源、资源的消耗和环境容量的侵占基础上的，会随着能源、资源和环境容量的稀缺而面临提升的极限。工业革命以来，我们经历了一个由"空"到"满"的世界的转变[2]，建立在资源和环境消耗基础之上的工业化技术经济已经无法持

---

[1] X. Ji, G. W. Wu, P. Y. Su, X. Y. Luo, X. L. Long, "Legislation Improvement Alleviates the Decoupling between Welfare and Wealth in China", *Ecological Economics*, Vol. 7, 2022.

[2] H. E. Daly, "The Economics of the Steady State", *The American Economic Review*, Vol. 64, No. 2, 1974, pp. 15–21.

续性地改善人类福祉，我们必须寻求另外一种福祉改善的方式。

在人类经济社会系统不断逼近生态系统的边界的极限状态下，建立在工业化技术经济基础上的城市发展模式已经难以应对诸多与可持续发展相悖的生态问题和社会矛盾，也难以承担起引领人类走向持久、繁荣、公平发展的重任。库恩认为，当现有的知识和经验都无法解释我们当今面临的矛盾的时候，也许就是我们现有认知所基于的范式需要进行革命的时候。[1][2]对工业城市的问题和局限性的反思，催生了诸如"田园城市""花园城市""山水城市""生态城市"等新兴的城市概念。这些新兴城市的概念诞生于工业文明时代的大背景下，其本质还是在工业文明价值观倡导下对城市技术经济的优化，没有从根本上思考和应对城市发展的问题。

2007年，我国提出生态文明建设，启动向生态文明整体转型的进程。2015年，党的十八届五中全会提出践行新发展理念，进一步深化了我国对实现什么样的发展、怎样实现发展的认识。新发展理念的提出是关系我国发展全局的一场深刻变革。我国城市化进程走了不少违背规律的弯路，对自然造成了严重的干扰。2021年，我国城市化率达到64.72%[3]，超过3/5的人口生活在城市，因此城市在我国实现生态文明转型这一目标中扮演着越来越重要的角色。"节能减排""温室气体排放达峰或实现碳中和"等具体发展目标的成败也与城市的转型与否紧密相关。要从碳达峰到实现碳中和，我国2060年前化石能源燃烧排放的二氧化碳总量要从当前的100亿吨减至基本清零，按每年GDP 3%—4%的增速目标，意味着GDP增长与碳排放不仅要绝对脱钩，而且要加速度脱钩。这么艰巨的任务仅靠农村和农业的转型是

---

[1] [美]托马斯·库恩：《科学革命的结构》，北京大学出版社2012年版。
[2] X. Ji, "Opening the Black Box of Economic Processes: Ecological Economics from Its Biophysical Foundation to a Sustainable Economic Institution", *The Anthropocene Review*, Vol. 7, No. 3, 2020, pp. 231–247.
[3] 国家统计局，https://data.stats.gov.cn/easyquery.htm?cn=C01&zb=A0305&sj=2021。

不可能实现的,城市以及城市增值模式必须实现转型。2018年2月,习近平总书记在四川成都天府新区视察时要求,"要突出公园城市特点,把生态价值考虑进去,努力打造新的增长极,建设内陆开放经济高地"①。这一创新性"公园城市"的理念是在我国推进生态文明转型的大时代背景下关于城市建设的创造性论述,为我国践行新发展理念、破解城市发展难题、改善民生福祉提供了方向,在城市建设和生态文明建设上具有开创性的意义。"公园城市"这一全新城市理念的构建,将给我们带来难得的机遇,但也让我们面临着很多挑战。城市是一个开放的自组织系统,城市的演化和人类文明的演化相互交织,体现了人类文明的演化逻辑,城市也是人类文明的重要塑造者。面对"公园城市"这一新生事物带给我们的机遇与挑战,我们既需要谨慎地回到历史中去找寻演化逻辑、总结经验,又要突破禁锢,大胆前瞻。

第二节　城市发展范式革命与演进
——基于城市发展范式的历史逻辑

城市作为一种明确的新事物,开始出现在旧石器文化—新石器文化的交替阶段。②城市兴起之前,许多社会功能是处于自发的、分散的、无组织状态中的,随着城市的兴起,社会功能逐渐聚集到一个有限的地域环境之内。之后,城市经历了一个从小到大、从简单到复杂、从低级到高级的发展过程。作为一个开放的复杂系统,城市在发展和演化过程中不停地吸引、集聚、整合新的生产要素。每次新生产

---

① 《改革开放与中国城市发展》编写组编:《改革开放与中国城市发展》(下卷),人民出版社2018年版,第1120页。
② L. Mumford, *The City in History: Its Origins, Its Transformations, and Its Prospects*, New York: Harcourt, Brace and World, 1961, p.46.

要素的进入都会促使各种生产要素重新组合,从而引发大大小小的变革。城市结构也在稳定—变革—稳定的反复中不断修正和发展。

按照历史的进程,我们梳理了城市发展的脉络,以工业革命为分水岭,将城市的发展脉络大体分为前工业城市时代、工业城市时代和后工业城市时代三个阶段。

一 前工业城市时代

城市的兴起是人类发展进程的一个重要转折点,是人类居住形式的一次重大范式革命,人类正式开启了城市文明时代。直到工业革命发生,城市经历了一个漫长的起源和初步发展的过程。

(一)原初城市阶段:城市的起源

关于城市的起源,有军事说、市场说、信仰说等多种来自考古学家的学说。无论是因为政治军事方面防御安全的需要,还是作为市井商贾的聚集地,抑或是作为各方人口朝觐的目的地,城市多起源于自然条件优渥之地。[①] 四大文明古国的城市兴起于水资源丰沛的黄河流域、尼罗河流域、印度河流域和美索布达米亚的两河流域。在我国历史中,诸多城市都起源于黄河流域、长江流域、沿海和内陆的周边地区。[②]

在原初城市阶段,城市经济是一种自然经济。自然条件是城市生存的一个必要条件,也是城市为人们提供福祉的前提。此外,从早先的玛雅、苏美尔等古城邦文明的兴衰我们就可以得到初步的启示:古代城市经济多因自然优势而生,也有不少因为生态困境而亡。以曾经辉煌一时的玛雅文明为例。繁盛的热带丛林为玛雅文明的崛起提供了原始的自然条件,因为自然条件丰饶,玛雅人口和经济迅猛增长,并于 800 年左右达到了文明的巅峰。然而,令人惋惜的是,在没有外族

---

① 季曦、刘民权:《以人类发展的视角看城市化的必然性》,《南京大学学报》(哲学社会科学版) 2010 年第 4 期。

② 傅崇兰、白晨曦、曹文明:《中国城市发展史》,社会科学文献出版社 2009 年版。

入侵的情况下，玛雅文明却在之后的200年内人口锐减。有相当一部分学者认为，玛雅文明的崩溃是由其外部生态环境的崩塌，特别是土地和森林资源的枯竭所致。①②

（二）商业城市阶段：资本主义工商业、贸易与城市的发展

原初城市的兴起离不开农业革命的推动。农业革命使人类从以采集、狩猎为基础的纯攫取性经济转变为以农业、畜牧业为基础的生产性经济。这一转变也推动了城市功能的进一步深化发展。农业革命之后，社会结构和生产方式发生了翻天覆地的变化，人类需求也从单纯的"生存""繁衍"需求往更多元化的方向发展。农业革命实现了农业剩余，为以后一系列的社会变革创造了物质和技术基础——促进了人口和物质往城市的流动和聚集，推动了城市工商业的初步发展。

随着资本主义工商业的兴起、远距离贸易的发展以及重商主义的盛行，城市发展进入商业城市阶段。劳动力的专业分工、商品的跨区域流通为满足不断多样化的人类发展需求提供了可能。远距离贸易的发展、专业化的进一步深化，慢慢扩大了城市与乡村的距离，城市慢慢地远离自然，逐步弱化对自然生态系统的依赖。城市由"自然经济"进入了"技术经济"的雏形阶段，开始迈向新一代城市发展模式。

二 工业城市时代

（一）工业城市的发展与弊病

工业革命之后，人类由农业文明时代进入了工业文明时代。手工劳动由机器生产取代、个体工场手工生产被大规模工业化生产取代，机械化和规模化的工业生产提高了城市生产效率。城市不再直接仰赖

---

① J. Aimers and D. A. Hodell, "Societal Collapse: Drought and the Maya", *Nature*, Vol. 479, No. 7371, 2011, pp. 44–45.

② B. L. Turner and J. A. Sabloff, "Classic Period Collapse of the Central Maya Lowlands: Insights about Human-Environment Relationships for Sustainability", *Proceedings of the National Academy of Sciences*, Vol. 109, No. 35, 2012, pp. 13908–13914.

自然而生存和发展，而是通过机械化、规模化的生产方式加速了来自农业、采掘业等的原料和产品的积聚、消耗和转化。

工业文明时代，城市真正地成为全球的主宰，深刻地塑造着全球经济。工业创造和对外扩张新的市场增加了社会总需求，人类社会经济福利水平得以飞速提升。然而，工业城市的发展壮大也带来了一系列可持续发展问题。20世纪30—60年代震惊世界的"八大公害"和70—90年代轮番上演的"十大事件"等环境公害多出现在西方工业城市。而现今，城市依然是全球资源耗竭、气候变化、生态恶化的罪魁祸首。Stern分析评估认为，城市排放的温室气体占到全球总量的75%左右。[1] 国际城市联合组织C40研究表示，全球近100个大城市的消费排放占全球温室气体排放量的10%，如果按照目前趋势，到2050年城市温室气体排放量将增加近一倍。我国城市能源消耗和碳排放的情况也不容乐观。我国城市能源消耗占比为80%，贡献了80%以上的碳排放和60%以上的大气污染排放物。

（二）工业城市的底层逻辑：以技术经济为发展动力，对自然的无情掠夺

工业革命之后，城市生产不断脱离了直接的自然经济基础，进入了以技术经济为基础的发展阶段，通过机械化、规模化等技术思路提高城市整合生产要素的效率，扩大生产规模。技术经济给人们带来了巨大的社会经济福祉，同时也严重削减了城市的生态福祉。在资源整合、价值转化、经济成效以及对客观世界的影响等方面，工业城市与原初城市和商业城市都有着本质的差异，城市完成了发展范式的一次转变。

三　后工业城市时代

（一）新型城市的兴起：人类发展对自然需求的回归

进入20世纪，多数发达国家和地区已经完成了工业化转型，步

---

[1] N. Stern, *The Economics of Climate Change: The Stern Review*, Cambridge: Cambridge University Press, 2007, p.172.

入了后工业时代。后工业时代与工业时代并没有明确的分水岭，工业革命的步伐一直没有停止，工业革命2.0、工业革命3.0甚至是工业革命4.0等由新技术引领的革新依然推动着人类社会经济变革。工业革命引领着全球不断冲击经济高峰，也给我们带来了前所未有的挑战。随着工业城市内部矛盾以及城市与生态系统的矛盾不断激化，在对传统工业城市的反思中，花园城市等新兴城市概念逐渐形成。

在认识到英、美两国工业城市的弊病，目睹了工业化浪潮对自然的破坏后，英国著名的城市规划专家埃比尼泽·霍华德（以下简称霍华德）于1898年提出了"花园城市"的概念，核心理念是使人们能够生活在自然环境良好的新型城市之中。"花园城市"这一具有生态理念的概念在全球城市建设中具有重要的影响。以"花园城市"这一概念为起点，一些新兴城市理念和实践在西方和中国慢慢兴起。

"卫星城市"这个概念也是由霍华德初次提出的，美国学者泰勒正式提出并且使用了这一概念。卫星城市是在花园城市的基础上演变而来的，顺应了中心城市和周围城镇经济联系日益密切的发展趋势。美国建筑师弗兰克·劳埃德·赖特（以下简称赖特）在20世纪30年代提出了"广亩城市"，这一城市理念将分散作为城市规划的原则。[①] 这一理念实际上是"反城市"的理念。美国城市在20世纪60年代以后普遍的郊区化在相当程度上是赖特"广亩城市"思想的体现。1971年，联合国发起的"人与生物圈计划"提出了生态城市理念。该理念认为，城市应该尽可能降低能源、水或是食物等的消耗，也尽可能降低废水、废气、废热、固废排放。

我国也一直在探索如何将生态理念与城市概念进行整合。钱学森于1992年提出了山水城市的概念，强调城市文化和自然环境的融合，

---

① 赖特认为，随着汽车和电力等工业的发展，"分散"将取代"集中"成为未来城市规划的原则。具体来说，在广亩城市中，每个独户家庭的四周有一英亩土地，用来生产家庭所需的食物，各个居住区之间有超级公路连接，公共设施布置在公路边，汽车作为交通工具，连接家庭和公共设施等。

突出了城市的美学价值。进入21世纪，随着可持续发展战略的推行，我国的生态城市建设方兴未艾。2003年，我国正式提出了生态城市规划的目标。然而，我国的生态城市建设多流于形式，成效较为有限，没能很好地实现经济、社会与环境之间的良性互动。2004年，在首届中国城市森林论坛上，我国也提出了森林城市的概念，宗旨是"让森林走进城市，让城市拥抱森林"。

（二）后工业城市的底层逻辑：依然是以技术经济为手段的破碎化应对

纵观花园城市等相关城市理念在国内外的演进历程，不难发现，相比传统的工业城市，以"花园城市"概念为起点的新兴城市不断尝试在城市规划中整合生态环境要素，强调生态环境的保护，使城市更具有生态关怀，同时也使城市更具有生态美学价值。然而，这些城市理念还不能称为城市范式的革新。仔细剖析我们发现，这些新兴城市模式要么旨在通过合理的规划提升城市的资源和环境利用效率，降低城市经济增长的生态成本，减少城市对生态环境的破坏和干扰（比如卫星城市、生态城市等），要么尝试将生态环境融进城市景观规划，逆转城市远离自然的趋势，从美学、人文价值上提升城市居民的生活品质（比如花园城市、广亩城市、森林城市、山水城市等）。关注城市生活和生产的资源环境效率，减少城市社会经济发展的生态成本，提升城市自然美学和人文价值，这些都是对传统工业城市理念的优化。然而遗憾的是，这些新兴的城市形态无论从理念上还是实践上都没有脱离技术经济这一核心框架，依然是以技术经济为手段的破碎化的非系统性的应对，经济还是经济，生态还是生态，两者并不是完全统一的关系，无法从根本上突破工业城市的困境。但迈出的"自然关怀"这一步是难能可贵的，这个时代也可以被视为由工业城市向一种更先进的城市发展范式转变的准备阶段，是城市的准范式革命阶段。

第三节　时代巨变、文明转型与公园城市革新

一　时代的结构性变化

（一）可持续发展问题的结构性变化

我们正处在一个全球环境迅速恶化的时代。经济扩张、人口膨胀，以及工业化、城市化、全球化进程的全面推进，导致全人类不得不共同承担由于气候变化、臭氧层损耗、生态蜕变、生物多样性退减、资源耗竭、环境污染等带来的严重后果，并且面临着逼近甚至突破生态极限可能带来的生态系统断裂和崩溃的风险。

工业革命开启了人类爆炸式的增长模式，人口和经济规模都以指数级速度增长。近三百年，全球的经济和人口规模发生了翻天覆地的变化：经济总量已经从1700年的0.37万亿美元（以1990年美元计）[1]扩张到了2021年的86.65万亿美元（以2015年美元计量）[2]，人口总数则从6亿人[3]迅速上升到78亿人[4]。我国在过去几百年也实现了社会经济规模的迅速扩张。经济总量从1700年的0.08万亿美元[5]上升至2021年的15.80万亿美元[6]，人口从1700年的1.3亿人[7]上升到2021年的14.13亿人[8]。与人造资本不断膨胀的情况相反，全

---

[1] A. Maddison, *Chinese Economic Performance in the Long Run*, Paris：Organization for Economic Cooperation and Development（OECD），1998.

[2] World Bank，https：//databank.worldbank.org/source/world-development-indicators，2022.

[3] A. Maddison, *Chinese Economic Performance in the Long Run*, Paris：Organization for Economic Cooperation and Development（OECD），1998.

[4] World Bank，https：//databank.worldbank.org/source/world-development-indicators，2022.

[5] A. Maddison, *Chinese Economic Performance in the Long Run*, Paris：Organization for Economic Cooperation and Development（OECD），1998.

[6] World Bank，https：//databank.worldbank.org/source/world-development-indicators，2022.

[7] A. Maddison, *Chinese Economic Performance in the Long Run*, Paris：Organization for Economic Cooperation and Development（OECD），1998.

[8] World Bank，https：//databank.worldbank.org/source/world-development-indicators，2022.

球的生态系统服务正在大幅衰减,生态系统面临着严峻的挑战。全球的人均能源消耗从1971年的1337.61千克石油当量上升到2014年的1920.00千克石油当量;化石能源燃烧排放的二氧化碳排放总量也从1960年的93.97亿吨上升到2019年的343.44亿吨。我国的人均能源消耗从1971年的464.9千克石油当量上升到2020年的2504.8千克石油当量,40余年上升了4.4倍。二氧化碳排放总量也从1960年的7.81亿吨上升到2019年的107.07亿吨,50余年上涨了12.7倍。[1][2]

指数级增长的模式,预示着人口和经济总量在现有数量基础上再实现翻番的时间只会比历史任何阶段都短。相比过去,甚至是和20世纪相比,我们面临的可持续发展问题都已经发生了结构性变化。一方面,资源环境和生态问题已经由局部外部性问题转变为全球外部性问题。另一方面,由于社会经济规模的不断扩张,人类发展的瓶颈由局部约束变成了全局约束。规模的增长不再是提升福祉的良方,相反,强调人类社会经济规模不突破地球生态极限的前提性则变得空前紧迫。

(二)城市发展矛盾的结构性升级

进入21世纪后,城市和全球城市化给地球生态系统带来最艰巨的挑战。人类的未来和地球的可持续发展都与城市的命运紧密相关。

城市规模扩张的势头更加惊人。从人口规模来看,1800年,全球居住在城市的人口仅占总人口的2%,1900年世界上城市人口占总人口数的13%,2000年这一占比变为47%,而2021年全球有56.58%的人口居住在城市。其中,全球城市化程度最高的地区北美洲城市化率已经达到82%,拉丁美洲和加勒比地区为81%,欧洲为74%,大洋洲为68%,亚洲的城市化水平为54%,非洲的城市化率也已经高达43%。从经济规模来看,2017年全球城市GDP排名前40的城市的

---

[1] A. Maddison, *Chinese Economic Performance in the Long Run*, Paris: Organization for Economic Cooperation and Development (OECD), 1998.
[2] World Bank, https://databank.worldbank.org/source/world-development-indicators, 2022

GDP 之和为 15.4 万亿美元，占当年全球 GDP 总和的 20.8%。[①]

从整个城市的发展史来看，古代城市多依山傍水而建，城市技术水平低下，内部结构简单，抵御外来冲击的能力不足，城市脆弱而缺乏韧性，因此也多因自然灾害而遭受重创。专业化、机械化、现代化等进程促使现代城市与自然分离，内部结构的复杂化使城市抵抗冲击的能力不断加强。但在工业化早期，英国伦敦、美国洛杉矶、德国鲁尔等许多工业化城市也爆发了严重的环境危机，致使城市居民的生命财产安全遭受重创。此时，老牌工业城市面临的问题还是局部性的问题，这些城市通过产业转移和产业升级，最终走上了清洁绿色发展的道路。但随着全球工业化和经济全球一体化的推进，城市污染由老牌工业化城市向发展中国家的城市转移，墨西哥、印度、中国等发展中国家城市频繁爆发严重的环境污染事件。

在相对"空"的世界，面对城市发展与环境的矛盾，我们可以做的很多，比如通过产业转移、技术升级、城市规划等都能更好地降低城市经济增长中的生态环境成本，然而，当经济体量、人口规模都逼近生态容量的边界时，基于技术经济的逻辑便很难应对城市发展中的生态矛盾了。

二 全球和中国面向未来的重要进程

（一）全球可持续发展重要进程

1987 年，世界环境与发展委员会向联合国提交了《我们共同的未来》（*Our Common Future*）报告，正式提出"可持续发展"的概念，之后，可持续发展概念在全球普及。在 1992 年里约热内卢地球首脑会议上，178 个国家通过了《21 世纪议程》，可持续发展进一步成为全球的基本战略和行动指南。在 2000 年 9 月纽约联合国总部千

---

① 联合国经济和社会事务部：《2018 年版世界城镇化展望》，https//www.un.org/zh/site-search? query = %E4%B8%96%E7%95%8C%E5%9F%8E%E9%95%87%E5%8C%96%E5%B1%95%E6%9C%9B。

年首脑会议上一致通过的《千年宣言》，制定了八项千年发展目标（millennium development goals，MDGs）。在2002年南非可持续发展问题世界首脑会议上通过的《约翰内斯堡可持续发展宣言和执行计划》，重申了国际社会对消除贫困和保护环境的承诺，并在《21世纪议程》和《千年宣言》的基础上，通过更多内容强调多边伙伴关系。在2012年6月巴西里约热内卢联合国可持续发展大会（里约+20）上，成员通过了成果文件《我们想要的未来》，决定以千年发展目标为基础建立一系列可持续发展目标，并开启了联合国可持续发展高级别政治论坛（HLPF）。2013年，联合国大会成立开放工作组，为可持续发展目标制定提案。2015年，联合国可持续发展峰会通过的《2030年可持续发展议程》提出了包括人的发展（people）、经济繁荣（prosperity）、地球环境（planet）、和谐共生（peace）和合作共赢（partnership）等议题的17项可持续发展目标（sustainable development goals，SDGs），旨在从2015年到2030年以综合方式彻底解决社会、经济和环境三个维度的发展问题，转向可持续发展道路。

应对气候变化是目前全球可持续发展的一个至关重要的议题。1992年，第一个应对全球气候变化的国际公约《联合国气候变化框架公约》通过，为国际社会在应对全球气候变化问题上进行国际合作提供了一个基本框架。1997年，第三次缔约方会议形成了《京都议定书》，规定了有法律约束力的量化减排指标。2009年12月7日，联合国气候变化大会在哥本哈根召开，主要任务是确定全球第二承诺期（2012—2020年）应对气候变化的安排，但此次会议最后只达成了无法律约束力的《哥本哈根协议》。2015年11月，联合国气候变化大会在巴黎召开，通过了《巴黎气候协定》。《巴黎气候协定》确立了2020年后，以"国家自主贡献"目标为主体的国际应对气候变化机制。2021年11月13日召开的第26届联合国气候变化大会通过了《格拉斯哥气候公约》，明确要求维持《巴黎气候协定》把全球气温升高幅度控制在1.5摄氏度以内的目标。

在全球应对气候变化的进程中，我国的地位和作用也逐步由"跟随参与"向"贡献引领"转变。作为负责任的大国，在2020年召开的第75届联合国大会上，我国提出了实现二氧化碳排放于2030年前达到峰值、2060年前实现碳中和的目标。这既是对全球气候危机的全面回应，也是对我国未来发展的重新布局。中国已全方位转向高质量发展，其中绿色发展、循环发展、低碳发展，坚持走生产发展、生活富裕、生态良好的文明发展路径是实现高质量发展的重要内容。

（二）中国的生态文明转型

面对新时代的挑战，中国提出了更为雄心勃勃的可持续发展议程——向生态文明转型。从2007年我国首次在国家战略层面提出"生态文明"发展理念，到2017年将建设生态文明作为中华民族永续发展的千年大计，到2018年将"生态文明"写入宪法，再到2021年领导人气候峰会上习近平主席提出构建"人与自然生命共同体"重大倡议，中国已经成为全球实现生态文明转型的先行者。"生态兴则文明兴，生态衰则文明衰。"生态文明建设是关系中华民族永续发展的根本大计。

文明转型的基本逻辑是对历史出现的挑战的回应，从原始文明到农业文明如此，从农业文明到工业文明如此，从工业文明到我们预期的生态文明更是如此。工业革命之后，人类建立起了一个强大的工业文明。与农业文明阶段相比，工业文明以人类攫取和转化自然物质与能量效率的显著提升为特征，这也使人类陷入"杰文斯悖论"之中，导致了过去200多年人类对自然无休止的掠夺。向生态文明转型就是人类对工业革命带给人类历史挑战的直接回应。

生态文明和工业文明有着本质区别，如图1-1（a）所示，工业文明是以技术经济为基础的，通过技术解决方案实现物质财富积累和人类社会进步。提升效率是技术经济解决问题的法宝，经济增长是衡量物质财富水平的基本准则，公平分配是人类社会进步的目标。而如图1-1（b）所示，生态文明是以生态环境为基础，强调人与自然和谐共生的生命共同体是物质和自然财富积累与人类社会进步的基础，基于自然和技术的解决方案是实现物质和自然财富积累和社会进步的手段。因此，相对工业文明而言，生态文明有着完全不一样的愿景。首先，工业文明的发展理念虽然经历了从对生态的无限攫取到对生态资源有限的认识，但并未突破生态系统为经济系统的子系统的小生态观，而生态文明则将生态系统看作经济系统的母系统，强调人与自然的和谐共生；其次，工业文明不重视自然规律，强调人的主观能动性，坚持人对自然的改造、利用和管理，而生态文明强调尊重自然规律的重要性，正视人对自然的依附性，强调基于自然和技术的解决方案。因此，工业文明强调经济增长的至关重要性和无限可能性，而生态文明更强调保障一定福祉水平下的可持续发展。在解决问题的思路上，工业文明强调技术乐观，而生态文明坚持技术理性。

（a）不可持续的工业文明　　（b）可持续的生态文明

图1-1　工业文明和生态文明发展范式的差异

在推行生态文明转型的大时代背景下，我国转换发展观念，全方位贯彻"两山理论"，从可执行的层面为工业文明时代的技术经济提供了替代的方案。"绿水青山就是金山银山"，这一思路化解了生态保护和经济发展二元对立的困境，将生态保护和经济发展的矛盾统一起来——保护生态就是发展经济，而发展经济需要更好地保护生态，为

15

如何实现生态文明转型提供了很好的理论和实践方向。

（三）新发展理念

在向生态文明转型的大方向指导下，我国进一步提出创新发展、协调发展、绿色发展、开放发展、共享发展五大新发展理念，提出了更高质量、更有效率、更加公平、更可持续的发展方向，是我国发展理念的一次深刻变革。

五大新发展理念不是凭空得来的，而是在反思我国发展中的突出矛盾和问题时深刻总结国内外发展经验教训、分析国内外发展大势的基础上形成的。改革开放以来，我国以经济建设为中心，艰苦奋斗，创造了经济增长奇迹，大大提升了国家经济实力和国际影响力。然而，由于一些地方和部门存在片面追求经济规模和经济增长速度，采取粗放的发展方式，出现了严重的发展不平衡、不协调、不可持续等问题。资源环境约束趋紧、生态系统退化严重等问题，严重制约了社会经济的进一步发展。此外，全球气候变暖也使我国面临严峻的国际压力。过去我国遵循"先污染、后治理"和"边污染、边治理"的老牌工业化国家的发展道路，为此付出了巨大的生态环境成本，如果不抓紧扭转发展方式，必将继续付出更加沉重的代价。新时期，我国社会主要矛盾已经转化为人民日益增长的美好生活需要和不平衡不充分的发展之间的矛盾。我国积累了多元的发展不平衡不充分的问题，比如工农关系、城乡关系、社会经济发展与生态环境保护关系等，这已经成为满足人民日益增长的美好生活需要的主要制约因素。

创新是解决发展动力转换问题的关键，协调是解决发展不平衡问题的关键，绿色是实现人与自然和谐共生问题的内在要求，开放是国家繁荣发展的必由之路，共享才能不断增进人民福祉、促进社会公平正义。中国经济正处在"发展增长速度换挡期""结构调整阵痛期""前期刺激政策消化期"三期叠加时期。这也基本奠定了中国经济由促增长向促发展转变的基调。坚持五大新发展理念是我国经济向形态更高级、分工更优化、结构更合理的阶段演进的必经之路。五大新发展理念也包含了生态文明转型的内在要求，是我国实现生态文明转型的重要路径。

三 构建公园城市是践行新发展理念、促进生态文明转型的重要探索

在工业文明的大环境下，城市的任务是推进工业化进程，促进工业文明的繁荣；而生态文明语境下诞生的公园城市，应该是对工业文明的深刻反思，旨在推进人与自然的和谐，实现人与自然的共同发展，并促进生态文明关于持久、繁荣、和平等目标的实现。公园城市是应运时代而生的。公园城市是我国推进生态文明转型的城市解决方案，是我国全面践行新发展理念的重要突破口，为我国破解工业文明下城市的发展困局、提升民生福祉提供了可行的方向。

（一）公园城市是推进生态文明转型的重要形式和场所

在从工业文明向生态文明转型的过程中，城市将会是受影响最为深刻的地方，也将会是变革最为深刻的地方。无论是从城市人口占比，还是从城市经济体量占比，抑或是从城市集聚下的环境危机来看，城市都是我国实现生态文明转型的一个不容忽视的环节。城市是国家和地区人口、物质、能量和信息交汇的重要节点，是生态系统中物质和能量转化的高端产物。建设生态文明的倡议和实践正在深刻地塑造着我国各个层面、各个链条的经济、社会和意识形态，而这些影响必然会随着人口、物质、能量、信息在城市的交汇而放大。

公园城市将成为推动我国生态文明转型的主力军。公园城市以生态文明的核心逻辑为基本准绳，摒弃工业文明下过度依赖技术经济的旧思路，以"公园"这一生态基础为城市价值创造、实现和转化的基础。如果人口占比1/2强的城市都能够真正落实"公园"这一生态底盘在城市价值创造、实现和转化中的基础性作用，这将大大改善城市现有的生活和生产方式，也必将改变城市目前的意识形态，必然大大加快我国实现生态文明转型的进程。

（二）公园城市为保障人类持久、繁荣的福祉提供了可能

实现持久、繁荣的福祉与我国五大发展理念的目标是逻辑一致的。城市的终极目标是为人类提供福祉，从而促进人类发展。无论是物质方面的追求，还是精神方面的追求，人类在追求自身发展的过程中成就了城市，城市也在不断自我改造中成就了人类。在绝大部分历史进程中，城市提升了我们的生活福祉，多数城市的发展带给我们的依然是"正福利"大于"负福利"的成就。但是，当我们进一步剖析传统城市创造福祉的机制以及由此导致的问题时，我们并没有足够的信心去相信现有的城市发展模式能够继续引领人类面向长远的未来。

当城市经济规模扩大到相对于生态系统过大的时候，我们进入了一个"满"的世界——人口和经济所侵占的空间逼近自然空间的极限。工业城市时代加速了这一进程。世界上大部分社会经济产品和服务短缺的状况得到了缓解，但与此相伴的经济增长正在削弱生态系统为我们提供物品和服务的能力，资源和环境容量已经成为新的稀缺资源。在"满"的世界里，如果还一味地通过技术经济和扩张规模的思路不断推进生态资本向社会经济资本的转化，无疑会影响人类的福祉，最终可能与城市的目标背道而驰，并引发社会经济系统的崩溃。公园城市通过"公园"这一生态底盘的建设，旨在恢复和涵养城市的生态资本。一方面，通过生态系统的产品和服务提供机制，调整城市居民的福祉结构，满足人类发展的高阶阶段对健康、美学、文化等的需求；另一方面，摒弃传统工业城市以工业技术经济为基础的价值转化方式，形成以生态环境为基础底盘的价值创造、实现和转化机制，能够以更可持续的方式提供社会经济产品和服务。因此，在"满"的世界里，以技术经济为基础的工业化城市不仅没有办法继续为人类提供福祉，反倒可能加速生态资本的衰竭并最终导致人类福祉系统的崩溃，而"公园城市"可能是扭转这一趋势的关键，是未来人类福祉的保障。

第四节 公园城市发展范式的科学属性

不同于"花园城市"等诞生于工业文明语境下的新兴城市概念，"公园城市"是我国推进生态文明转型的城市实践，在全新的文明滋养下，可能成为引领城市发展范式革命的起点。那么，什么是公园城市？或者换一个问题，公园城市具备哪些科学属性才能突破现有城市发展所面临的困境，真正引领城市发展范式的革命？

一 公园城市新范式的纵向比较

"公园城市"这个概念自提出以来就吸引了各界的关注，但关于公园城市的科学属性尚未达成普遍共识。要成为一种城市发展范式的革命，公园城市应该从价值观、发展观等各方面都比现有城市有革命性的优化，从而引领完全不同的发展目标。

我们用表 1-1 整合了这些可能变革的方面，将公园城市和传统城市以及准范式革新阶段的新兴城市进行了纵向的对比。

表 1-1 公园城市新范式的纵向比较

	传统城市	新兴城市	公园城市
产生背景	工业文明初期和中期	工业文明后期	工业文明转型期——迈向生态文明
价值观	以技术经济为价值创造、实现和转化的基础	重视生态价值，但依然以技术经济为基础	以生态经济为基础，理性推行技术创新，旨在实现生态价值的创造、实现和转化
发展观	经济增长建立在牺牲生态环境基础之上	重视通过规划、技术、制度等途径，缓解经济发展和生态环境之间的矛盾	保护生态就是发展经济，发展经济需要更好地保护生态

续表

	传统城市	新兴城市	公园城市
发展目标	城市经济职能的实现，促进经济规模的扩大	提高城市经济职能的持续性	注重城市的经济和生态双重职能，为人类提供持久而繁荣的福祉

工业化时代的传统城市中，生态环境只是为城市经济提供原材料和吸纳城市废弃物的子部门，城市的价值创造、实现与转化是以技术经济为基础的，在技术经济的基础上继而实现社会发展和人的发展。在这样的范式下，城市经济形成了一种增长和扩张狂热，城市经济社会的发展问题大多是通过技术经济的增长和城市规模的扩张来解决的。

发起于工业文明后期的新兴城市，在处理城市经济系统与生态环境之间的关系上并无革新之处，只是更重视生态环境这一生产要素。强调通过规划、技术、制度等途径，缓解经济发展和生态环境之间的矛盾，但依然是技术经济的思路，旨在更高效地整合生态环境要素，提高城市经济职能的持续性。

公园城市以生态环境为价值创造、实现和转化的基础，劳动、资金、技术是能够实现生态价值化的技术性条件。这是不同于自然经济和技术经济的一种全新的经济形态。在这种经济形态中，生态环境是技术经济的基础，也是社会结构和意识形态的基础。没有了生态环境这一基础底盘，劳动、资金、技术等技术性条件再优越，技术经济也难以为继，更别说社会结构的优化和意识形态的形成，社会经济必然枯竭；相反，如果重视生态环境这一基础底盘，保护好这一基础底盘，并充分发掘这一底盘的价值创造、实现和转化的潜能，城市经济便有希望获得长足发展的价值源泉。

由此，公园城市并非简单的"公园+城市"，不是在"城市里建公园"，而是在"公园中建城市"。公园城市是以公园为生态底盘，在这个底盘上实现价值的创造、实现和转化，技术经济、社会结构和意识形态都是在这一基础上得以实现和发展的，技术经济能够帮助更有效地进行价值创造、实现和转化，但它不是基础，更不是目标。公园城市旨在基于更加可持续的价值转化基础和路径，为人们谋求更长久、繁荣和公平的社会福祉。

二 公园城市新范式的横向延伸

和现有的城市进行横向比较，公园城市的新范式又该有哪些内涵呢？第一，公园城市的范式革新在于"公"。公者共也，旨在其普惠性。公园城市是公众的公园、公众的城市，必须保障公园城市的开放性、共享性、可达性、包容性，从而真正保证其普惠性。狭义上而言，公园城市的普惠性在于公共场所、公共服务、公共利益的共享性和亲民性，而公园城市的"公"还不仅仅是狭义层面的，更在于其广义层面的——城市边界、空间、功能、服务、效益等的开放、共享和可达。既要突破农业文明时期城邦的深沟高墙，更要超越工业文明阶段"建成区"的技术框架；既要突破我国计划经济的城乡藩篱，也要打破"各自为政"的行政割裂。最终实现经济交融、市场共荣、生态可达、资源共享、城乡一体、人与自然的和谐共生。

第二，公园城市的范式革新在于"园"。生态文明滋养下的公园城市的"园"，不是简单的技术层面的"园艺"或视觉空间上的"园林"，而是强调"园"这一生态环境基础所带来的持久性。这就要求"园"在功能设计上的系统性。系统性包括三个方面：基础性、多样性和关联性。基础性指的是公园是城市发展的基础，与前面的"大生态、小经济"系统观是内在统一的，也就是城市以"公园"这一生态环境为基础底盘，在这一基础底盘上实现持久性的价值创造、实现和转化，进而实现社会发展和人类发展。同时，"园"是多样性的，并且是"多园一体"的，既包括供市民休闲娱乐的城市园林绿化，也包括城市生产所依附的工业园、产业园，更应该有赋予城市独特文化气质的幼稚园、小（中、大）学校园、影剧院、图书馆、医院等，当然还包括居民居住的社区家园以及"粮袋子""菜园子"的种植园、养殖园等。此外，无论是技术或者视觉层面的，还是功能、价值层面的，这些"园"的统筹、设计、规划都应该具有关联性，不能单一片面，或杂乱无章，更不能封闭排他，厚此薄彼，应该营造一种集居住、生产、生活多功能于一体的多园融合、包容接纳的城市园林体系。具体来说，不管是什么"园"，在保障一定的社会秩序和安全的情况下都可以成为市民们休闲居住的"公园"，而城市的生产和价值实现的根本也在于这些"园"，它们是城市招贤纳士、招商引资、生成价值、产生思想、激发创新的活力源泉。

第三，公园城市的范式革新还在于"城"，旨在其韧性。公园城市的"韧性"是集"免疫力""恢复力""阻尼力"于一体的"韧性"。"免疫力"在于预防和抵御突发冲击的能力，"恢复力"在于遭受冲击后迅速恢复正常状态的能力，"阻尼力"在于将冲击对城市社会、经济、生态环境造成的衍生灾害影响降到最小的能力。公园城市应该有这种在遭受外在负面冲击时抵御冲击—适应变化—转变模式—维持发展的韧性，成为保障国家和人民安全的坚实屏障。

所以，公园城市的"城"不再是农耕文明时期的军事防御的"城池"，也不仅仅是工业文明时期的"城区"，公园城市延续这些传统城市的"城"的功能，但又要超越这些"城"的功能——应该是一种能够带来社会、经济、生态、健康等多维安全和稳定的所在。首先，城市应该是生长在良好的生态环境底盘上的"城"，具有生态的多样性和丰富的层次性，并在此基础上构建良好的生态、社会和经济预警系统，这是保障城市"免疫力"的关键所在。其次，公园城市要有层次丰富的产业结构和经济基础，同时要有多元均等的就业机会——无论是强者还是弱势群体，都能在城市里找到合适的生存方式，获得体面的收入。城市治理系统要以人为本，维护社会公正，保障社会的稳定性。这些都是城市"恢复力"和"阻尼力"的重要保障。

第四，公园城市的范式革新还在于"市"，体现在其"高效性"。

第一章 公园城市发展的历史逻辑与范式创新

公园城市的"市"既有农业文明时代"集市"的功能,又有工业文明的"市场"的特征,是资源、资金、人口、技术等生产要素最密集的地方,也是最有可能碰撞出创新火花的地方。公园城市的高效性,首先在于其价值创造、转化和实现效率的创新性,不再仅仅依赖于技术,但要有很好的制度和技术创新的激励机制,使城市生产变得更有效率;其次在于城市有良好的生态环境和激励机制,宜居宜业而更具有吸引力,能够更好地吸引资源、资金、人口和技术等生产要素,保障城市源源不断的创新活力。

当然,公园城市的"公""园""城""市"四个方面的内涵又必须是一体的,不能割裂开来,如图2-1所示。普惠性是宜居宜业的基础,宜居宜业是城市创造性的源泉,而韧性是普惠性、宜居宜业的保障,创新性又能带来更多的普惠性,也会使城市更加宜居宜业。[①]

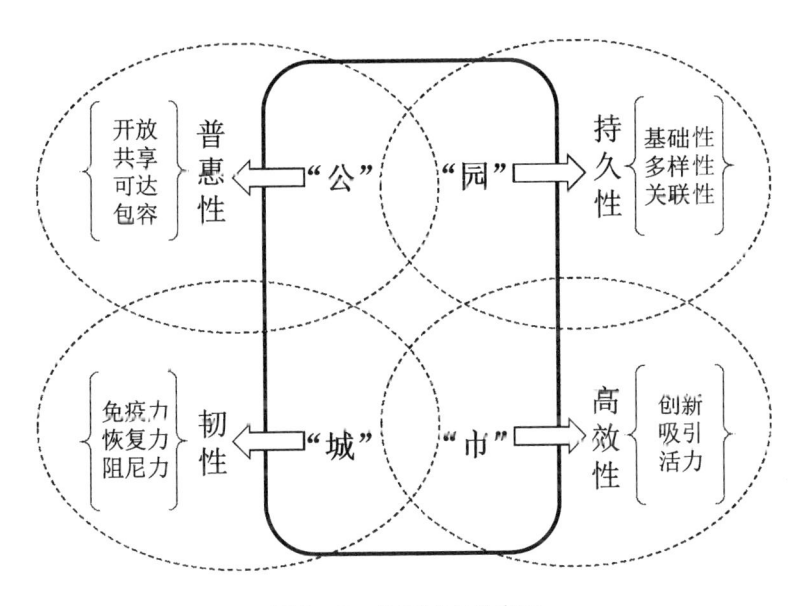

图1-2 公园城市的内涵

---

① 潘家华、陈蛇:《公园城市发展报告(2020):发展新范式》,社会科学文献出版社2021年版,第66页。

第五节　面向未来：公园城市发展的终极思考

范式革命的意义在于以新的范式突破旧的范式无法破解的困境。在我们不断逼近生态极限的未来，规模的扩张已经无力突破可持续发展的终极瓶颈。生态极限是未来发展的刚性约束，在生态系统还有容错的容量时主动调整我们的发展范式是突破发展困局的首要思路。作为人口和经济的重要载体，城市转型责无旁贷。

未来公园城市要真正实现范式革命，必须在基本愿景、实现机制、制度设计等各个层面都迈出新的步伐。

一　基本愿景：从自然经济、技术经济迈向一种以"稳态"为特点的生态经济

城市文明经历了漫长演化的农业经济时代（前工业化城市时代）和迅猛发展的工业经济时代（工业化城市时代）。在农业经济时代，城市经济还是一种"自然经济"，城市经济紧紧依附自然，城市社会经济资本积累速度慢、规模小、对自然环境干扰小，但福祉水平过低，甚至不能很好地满足人类生存和繁衍所必要的物质需求；在工业经济时代，城市经济在距离上远离自然，但"技术经济"却以空前的速度将生态资本转化为社会经济资本，经济生产节奏快、规模大，虽然人类社会经济福祉水平得以大幅度提升，但对人类的生态福祉造成了严重的剥夺。

需要进行范式革命的时候必然是现有理论、知识、方法、模式等无法解释、应对已有问题和矛盾的时候。现代城市面临着"社会经济资本积累"这一城市发展目标和"社会经济资本的扩张面临着有限的生态约束"这一自然局限之间的矛盾。以技术经济为基础的工业化城市发展模式不仅无法化解这一矛盾，而且可能进一步加剧这一矛盾。

公园城市若作为现有城市的一种范式革新，必然旨在化解这一时代矛盾。因此，公园城市应该要有一个全新的发展愿景。"没有内部矛盾，完全能丰富、促进人类发展的新型城市"应该是一种能够跟得上人类发展的步伐、能够满足新时代人类发展需求、能够促进人类持续发展的城市。所以，公园城市应该以能够持久地、稳定地、繁荣地、公平地为人类提供福祉为基本愿景。

在建设生态文明的时代背景下诞生的公园城市不同于农业文明时代的城市，也不同于工业文明时代的城市。公园城市虽然强调回归自然，而且比任何时代更强调和尊重自然生态的重要性，但公园城市不是倡导回归"自然经济"——简单地、低效地依附自然创造和实现价值并提供福祉；公园城市辩证地对待技术经济，同样强调技术进步在提升资源环境的利用效率、降低生态成本方面的潜能，但否定"技术经济"为城市经济、社会进步和人类发展的基础，对"技术经济"为城市创造和实现价值的恒久性持谨慎的态度。公园城市构建的是一种全新的经济形态——一种经济基础、社会进步和人类发展都建立在良好、健康、持续的城市生态系统之上的结构稳定的、运转有效的、福祉普惠的经济形态，我们称之为"生态经济"。生态经济不以经济增长为恒定目标，而是在满足一定福祉水平下，强调保持合理的规模，并在一种稳态下实现质的发展。

二 生态经济的发展目标：可持久的规模、稳定的结构、高效的配置和普惠的分配机制

公园城市的科学属性在于其持久性、韧性、高效性和普惠性。要能够持久、稳定、繁荣、公平地为人类提供福祉，公园城市的社会经济资本规模不能太小，但也不用太大；社会经济资本积累的速度不能太慢，但也不能太快；除了患多患寡患大患小，更患分配不均。因此，公园城市需要可持久的规模、稳定的结构、高效的配置和普惠的分配机制。

（一）可持久的规模

公园城市视生态系统为母系统。城市社会经济子系统不可能超越生态母系统故而存在规模边界。理论上城市经济也存在一个最优规模，当经济超越这个最优规模之后，就会出现不经济的增长，经济增长就不再是提高福祉、"医治"贫困和失业等问题的良药[1]。因此，规模并不是越大越好，公园城市应该摒弃工业城市盲目追求经济总量增长和城市规模扩张的狂热，将城市规模控制在相对于生态母系统而言恰当的规模，转而关注城市结构的优化。

（二）稳定的结构

增长是物质的积累与转化所造成的物理规模上的数量增加，而发展是规划、技术和道德进步所带来的质的提高。如果更多的增长已经不太可能或者并不合意，那么，通过教育、制度、技术和道德进步实现更好地发展却有极大可能，也是更为可取的。[2]

从关注人的福祉角度，公园城市必须调整单纯追求"社会经济资本积累"这一目标，城市将生态资本转化为社会经济资本，并不是仅仅是为了社会经济资本的积累，而是旨在改善人们的福祉，如果这种转化因为过度而伤害了人们的福祉，将与城市的使命背道而驰。因此，公园城市要在合适的比重下将生态资本转化为社会经济资本，保持城市资本结构的合理性[3]，以满足人们日益提升的生存、生活、精神文化等需求。

（三）高效的配置

公园城市的价值创造、实现和转化都是基于"公园"生态系统的，城市经济对"公园"生态系统不是简单的依附关系，更不是粗暴

---

[1] 季曦：《稳态经济新论》（序言），中国人民大学出版社2020年版，第77页。
[2] H. E. Daly, *From Uneconomic Growth to a Steady-State Economy*, Cheltenham：Edward Elgar Publishing，2014.
[3] 季曦：《人造资本诚可贵，自然资本价更高——经济发展应该保持合适的资本丰度》，https：//econ. pku. edu. cn/xwdt/338321. htm。

的改造和攫取的关系，而是协同共生的关系。因此，公园城市应该比任何时候都要更注重培育、发展和保护城市生态系统，城市社会经济的发展不能以牺牲生态系统为代价。

更重要的是，公园城市应该基于良好的机制提高生态环境这一底盘的价值转化效率和能力。首先，各方投资应该更倾向于生态环境的培育和修复；其次，要以低流量消耗的方式实现生态价值化，以一种可更新、可修复的速度推进生态资本向社会经济资本的转化，降低城市生产和生活所造成的物质、能量的消耗，使物质、能量的消耗以及由此引致的排放速率控制在生态系统承载力范围之内，提升公园城市的"生态环境"底盘的修复、再生和转化能力。

（四）普惠机制的分配机制

公园城市还需要更加普惠性的福利分配机制。从社会伦理的角度来看，不计生态成本或低估生态成本的经济增长方式至少导致了两方面的严重后果：一是不可避免地造成了生态资本所带来的福利在代内和代际的不公平分配；二是忽视了自然的"劳动付出"，没有给予自然"劳动"该有的回报。[①]

生态系统的产品和服务可以具有商品属性，但其公共物品的属性需要我们更加重视。一方面，我们需要通过引入市场机制，更好地体现价格在资源配置方面的调节作用。另一方面，我们需要更具普惠性的分配机制。一来将使生态系统的产品和服务所得在全民中合理进行分配，保障生态福祉在代内和代际的公平合理分配；二来公园城市还应该在自然参与分配方面做出表率，形成自然"劳动收益"反馈自然的良性机制。

三 制度设计和实施路径

基于"公园"这一生态底盘实现生态价值的转化是公园城市功能

[①] 潘家华：《自然参与分配的价值体系分析》，《中国地质大学学报》（社会科学版）2017年第4期。

和价值变革的起点。生态产品具有公共物品和商品的双重属性,外部性问题显著,制度和市场的缺陷都将放大这些外部性问题。公园城市要朝着"可持久的规模""稳定的结构""高效的配置""普惠的分配机制"等发展目标迈进,制度设计上总的思路应该以控制总量、消除或减少外部性影响、实现生态福祉全民普惠共享为着力点。

总量控制重在规划,通过红线、底线的划定明确城市的生态开发空间。外部性问题比较复杂。一是可以通过明确产权、完善产权交易制度来消除外部性,充分发挥市场的激励机制,形成成本和收益的自我控制机制;二是可以通过直接控制(比如生态税费等)制度实现外部性内部化,或通过间接激励(比如预付金返还)制度减少外部性,促进良性循环;三是可以通过宏观上制度培育(比如绿色价格体系和绿色国民账户的构建等),对整个社会的经济运行进行生态成本—收益的宏观调控。要实现生态福祉的普惠共享,可以基于生态税费、生态补偿、财政转移支付等社会再分配机制合理分享发展的成果。这个过程需要政府、市场各自扮演好自己的角色,通力合作,有效配合。从增长转向发展,政府的认识和决心至关重要。当经济出现"不经济的增长"时,继续追求经济增长要么会带来社会总福祉的削减,要么会使一部分人的福祉增加建立在另一部分人的福祉削减基础之上,这时候需要政府有"高速刹车"的决心,从"促增长"转向增进福祉、促进公平的"促发展"之路。市场机制为实现公园城市的生态产品价值化提供了成本最低的途径,允许个人在资源分配方面具有灵活性,对生态产品使用者产生约束,并为创新提供持续的激励。政府和市场应该积极配合,突破"市场失灵"和"政府失灵"问题,在推进公园城市的生态价值实现的道路上不断摸索经验。

具体来说,在推动公园城市生态价值化的过程中,政府在生态培育、生态红线和环境底线的划定、配额的制定、特殊生态产品的供给、社会福利再分配、信息披露等方面需要发挥重要作用。政府需要发挥资源整合的作用,引领公园城市生态系统的培育、构造和保护工作，保障城市拥有一个可持续的生态底盘；针对系统性、紧迫性、关键性的城市生态环境问题，比如国土规划、生态红线、环境底线、产品确权等问题，需要政府统筹强制规制；在划定红线和底线、明确城市可开发的空间和规模后，各个利益主体的可开发配额需要政府制定分配规则；对于公园城市生态系统所提供的一些受益者识别不清、管理成本较高的纯公共物品（比如天然林、生物多样性、微气候调节等），需要政府作为供给方来确保这些生态产品的供给；政府可以通过生态税费、生态补偿、财政支出等方式优化福祉分配机制；此外，政府还应该承担监督管理、信息披露和宣传教育的责任。由于信息不对称问题的存在，社会对城市生态系统的重要性以及如何潜在提高生态系统的安全性等缺乏科学认知，信息披露和宣传教育可以提高公众的潜在生态产品供给能力。总的来说，政府要发挥平台搭建、规模控制、明确产权、管理监督等职能，先培育健康的市场，再放手交由市场机制进行高效的配置。

市场化工具的核心是将生态产品货币化，从而为潜在交易设定价格或计算成本收益，消除或减少外部性的影响。在总量控制的大框架下，国内外已经有较好的排污权交易、碳排放交易、生态银行等市场化实践经验。在明确产权的前提下，对于具有私人物品性质的生态产品，应鼓励生态产业化经营，将生态产品转化为经济的动力，市场回报也能够提供良好的激励，促进生态投资，形成一个良性循环。对于部分可以被商品化和市场化的具有公共物品属性的生态产品，可以创建生态权属交易的市场机制，在技术和制度条件允许下，推动生态产权交易，扩大生态产权交易种类及配额，完善生态产品的生态产权市场。

四 建构原则

文明的转型不可能一蹴而就，城市的转型也是一个循序渐进的漫长的过程。无论城市的自然禀赋如何，每一座工业文明下发展起来的城市都多多少少有历史遗留的问题，从现实到愿景，我们还有很长一段路要走。对于公园城市的规划与建构，我们还应遵循以下五个原则[①]：

一是未来目标和现实基础的平衡原则。目标必须高远，对于城市的未来要饱含希望，对城市的规划要充满想象力，对要实现的终极目标必须是大胆的彻头彻尾的革新。文明转型的冲击往往是革命性的，需要我们跳出现有的框架、格局和范式，大胆前瞻。然而，历史的遗留和现实的基础也不容忽视。虽然城市的发展遵循大致类似的规律，但每座城市又都有自己的历史逻辑和现实基础。要充分尊重这种内在逻辑和现实基础，从历史和现实出发，在现实和未来蓝图之间分段设计，以渐进的方式逐步地、分期地逼近终极目标。

二是统一性和多样性的平衡原则。无论是在学术层面、决策层面还是规划层面，对于未来城市的大方向的设想可以共享，可以在理论上尽可能形成科学的共识和标准的统一。然而，每座城市都有自己的经济基础和文化传统，要杜绝"千城一面"，尊重城市的自主性，充分发展城市的自我个性，保存城市的多样性。

三是均衡性与动态性的平衡原则。即便我们充分展开想象，我们对于未来城市的设想也多少会囿于我们现有的认知。尽管我们想尽最大努力减少不确定性，但我们也不排除未来的无限可能性，要动态地审视我们的认知，调整我们的偏离。

四是包容性与底线性的平衡原则。我们要拥抱技术进步和理念的创新，积极运用人工智能、大数据等先进的技术，进一步推进资源的优化配置，服务于城市福祉的提升。但我们应该保持一种技术理性，不盲目技术乐观，坚守规模扩张的底线，引导技术和创新在优化结构方面发挥功效。

---

① 季曦：《公园城市应该实现城市自然属性和社会属性的统一》，《四川日报》2022年5月30日第18版。

第一章 公园城市发展的历史逻辑与范式创新

五是乡村和城市的平衡原则。实现共享、公平和正义是公园城市的目标之一。公园城市的建构是一个弱化城乡二元分化的基本路径和解决方案的大好机会，公园城市并不是城市乡野化，更不能是乡村的替代。公园城市要在空间和功能规划方面更好地连接城市和乡村，在配置机制和分配机制方面的优化设计能够更好地促进发展成果在城乡的共享，真正实现以城带乡、以乡护城、城乡二元融合。

第二章　公园城市发展范式的学理基础和动力支持

　　城市作为人类活动的主要聚居地，其形成经历了多种形态的演化，从而形成了多种多样的城市发展学理基础。一般来说，城市是具有较高人口密度和较大人口规模的聚集地。基于此，社会学从人际关系网络以及社会组织架构关系来阐释，地理学则注重从人口空间分布以及经济活动的空间集聚状况来说明，人类学从人类生活方式以及人类文明、文化的形成来表征，多样化的集聚方式形成了城市。比较优势作为城市形成的第一原动力，基于机会成本而集聚在一起，专业化生产成本相对低廉的产品，依托规模经济实现了要素的重新分配，也正是因为有集聚经济的优势，从而城市会以大规模形式存在，比较优势和规模经济直接引致了城市要素和生产集聚，又衍生出了资源导向型城市、市场导向型城市等，城市发展的学理基础也逐步趋向多元化。

　　城市发展是多方面的，包含经济增长、社会发展、生态保护等方面，但其动力支持主要着力于经济增长。城市的经济增长是指城市经济动态演化的过程，是城市作为一个系统在数量上的扩张以及质量上的提升，在经济发展的同时，产业政策、要素投入和收益政策、公共环境政策等共同支持城市的发展。

第二章 公园城市发展范式的学理基础和动力支持

第一节 公园城市的哲理基础

一 公园城市的思想渊源

公园城市是"以人为本"的城市，城市因人而美好。公园城市实质是一种城市发展的高级社会形态，旨在建构和维护人与自然的和谐共生，生态、生活、生产平衡统一，从而达到"人、城、境、业"深度相融的现代化城市。公园城市体现高人文与高科技的平衡，蕴含了高深的东方哲学思想，自然为本，天人合一。公园城市建设是"以人为本"的城市，"以人为本"内嵌"天人合一"、人与自然和谐共生、尊重自然、利用自然、顺应自然的理念。中华文明历来崇尚天人合一、道法自然，追求人与自然和谐共生。党的二十大报告中指出，中国式现代化是人与自然和谐共生的现代化。人与自然和谐共生是中国式现代化的本质要求。在人类的发展过程中，必须遵循以自然为根本，尊重自然、顺应自然、保护自然，要学会像保护自己的眼睛一样保护自然，推动形成人与自然和谐相处的良好局面。人与自然之间的关系不是对立的，而是统一的。人类发展中一切不以自然为依据的发展只会带来不可预估的灾难。在与自然的相处中，人类不能以征服自然、支配自然作为发展的前提；相反，要学会与自然和谐共处。公园城市是中国式生态文明的生动案例，集成了马克思主义生态思想与中国古代生态智慧，实现了人与自然有机结合，包含了人与自然和谐共生的思想和方略，厘清了视域融合和综合创新之间的权衡。中华民族是在农业的基础上发展起来的，为此，天人合一的自然本底要求人类活动必须秉持"天时"。

公园城市始终从系统的角度来阐释"天人合一"理念。从普遍联系的观点来看，公园城市中的一切都是相互联系的、全面发展的。公园城市建设秉持"系统的而不是零碎的"理念，体现了事物之间的普遍联系观念。整个自然环境是有序统一的整体，也是山水林田湖草沙相互耦合的循环链条。公园城市实现了人与自然之间的循环耦合，二者不可分割。公园城市只有将人与自然之间和谐共生的理念，特别是顺应自然、保护自然、尊重自然、敬畏自然的理念，纳入公园城市建设的框架中，才能够实现人民对美好生活的向往愿景。从社会可持续发展来看，中国已经进入高质量发展新的阶段，传统的"先污染，后治理"的模式已经不再适合中国的发展，中国需要坚持"绿水青山就是金山银山"理念，将人与自然和谐共生理念融入其中，将绿色发展贯穿始终，构建人与自然和谐共生的现代化建设格局，形成美丽中国建设的内核。

二 公园城市的本质特征

公园城市是新发展理念下城市可持续发展的典型，也是践行生态文明思想的城市典型案例，是习近平新时代中国特色社会主义思想指导下的重要实践，是坚持将人民放在首位，统筹实现经济发展和生态保护，将"绿水青山就是金山银山"的理念贯穿始终的重要探索。公园城市有利于探索城市与自然和谐共生新实践、城市人民高品质生活新方式、城市经济高质量发展新模式和超大特大城市转型发展新路径。

公园城市的核心要求必须体现新发展理念，始终将人民置于首位，形成山水林田湖草沙一体化生命共同体，打造"人、城、境、业"高度统一的美丽城市新形态。公园城市奉"公"服务人民、联"园"涵养生态、塑"城"美化生活、兴"市"绿色低碳高质量生产，始终将生态兴的城市文明观念以及将绿水青山的优质生活环境留给人民的发展观、满足人民对美好生活需求的城市生态观、将城市人文历史灵魂注入城市的人文观和绿色生活方式的生活观融合在一起，体现了中国式生态文明现代化的城市发展新范式。

"公园城市"理念具有以下五个方面的本质特征，如图2-1

所示。

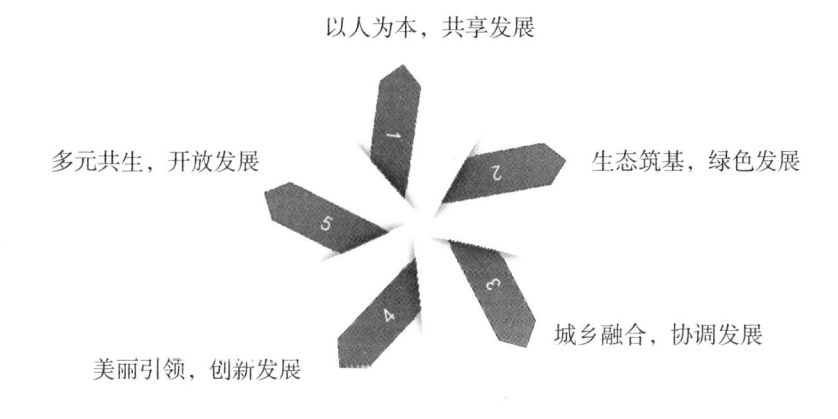

图 2-1 公园城市的本质特征

公园城市建设以人为本，共享发展。公园城市注重发展公园的游憩服务，并将之作为满足美好生活与建设幸福家园的必要条件，更加注重以人民为中心的普惠性活动与多元化的活力。

公园城市建设生态筑基，绿色发展。公园城市的空间格局布置中更加注重基础要素配置，重点聚焦绿色本地的生态文明城市建设理念。

公园城市建设城乡融合，协调发展。公园城市建设将区域边界模糊化，将风景优美作为建设的重要抓手，更加注重强调城乡融合发展。

公园城市建设美丽引领，创新发展。公园城市建设首先将公园化作为城市面貌建设的始终，强调景观与景点的美观度来适应人民的需求。

公园城市建设多元共生，开放发展。公园城市将开放作为其重要特征，注重绿色开放空间与绿色开放文化的融合，更加关注城市公共空间以及场景的营造。

三 公园城市中"天人合一"文化内涵

"合"。公园城市的建设顺应了人们对美好生活的需要，是新时代生态文明的重要内容。成都构建了一套绿色、健康、智慧的全域园林系统，舒适的开放式空间使城市的环境得到了改善，居住质量得到了提高，人们的幸福感也得到了极大的提高。山地公园打造了一片山景，展示了"西岭千年雪"的天府文化，在生态保护与涵养的作用下，更是一种休闲观光的好地方。郊野公园不仅塑造了乡村美景，还推动了"农商文旅"的融合发展，为当地居民提供了一块可以承载乡愁的地方。郊野公园是农村振兴的重要载体，是表征乡村绿色发展方式的集中体现。各种城市园林绿化再现了"绿蓉城，花重锦官"的繁华景象，充分展示了这座城市的文化底蕴，使居住环境得到优化，让人们的生活更舒适、更愉悦。而"天府"绿道将各公园连接起来，使其成为一个真正的"生态圈"。

"和"。从广义上讲，以公园为中心，建构新的都市建筑方式，使建筑环境与自然环境相协调。公园城市的价值不仅体现在绿色、生态、景观等方面，还体现在城市发展方式上的创新，可以优化城市的资源配置，促进城市发展的新动力；推动新技术和新业态的落地，创造新的消费场景，并在市民的居住体验中创造一个充满创意的城市空间。

"阖"。公园城市不仅以高品质发展为主题，为城市寻找新的发展增长极，同时也为城市发展的生态动力开辟了一条新的道路。公园城市以人与自然和谐共存发展为前提，必须以尊重自然、顺应自然、保护自然的思想为基础。未来的都市发展要以人为本，以生态与安全为重点，兼顾经济、生活、生态需求、安全需求，重视创新链、产业链、供应链的建设。强调提升都市成长力、创造活力、创造绿色低碳、包容和谐、智慧韧性的人文环境。

"核"。公园城市建设是一种以人为本、以人为主体、以自然为核心的社会和谐发展的生态系统。其思想体现了人与自然的"两个中心"协调，强调"两种价值"。从 GDP 的角度看，从以人为本的经济增长方式转变为以人为本的发展模式。公园城市把人的生活和自然的生态环境置于同等的位置，把"公园"作为一座连接人与自然的桥梁。在此基础上，公园城市本质上是一种以生态文化为代表的都市规模的生态文化，是一种新型的都市发展方式。公园城市并非单纯地追求美丽的都市生态，而是依据生态学原理和可持续发展的原理，运用现代科技方法，实现经济、社会、生态协调发展，是自然生态保护良好，资源能源高效利用，具有良好社会治安，人与自然相协调的现代都市。

四　公园城市的实践逻辑

公园城市是以生态文明为引领，推动城市实现"两山"实践的重要探索，同时考虑生态价值与人文价值，构建人与自然和谐发展新格局，是实现美丽中国目标的城市发展至高境界。"公园城市"的探索，也给未来新型城市形态提供了一种可能的发展模式。

公园城市有别于生态城市、园林城市、绿色城市等，它是都市圈、城市群、城市、乡村的核心组件，并将"市民—公园—城市"三者关系的优化作为创造美好生活的重要内容。随着人们对美丽生态的需求不断提高，不断向人们供给高质量的生态产品是一种全新的生产生活方式。

公园城市的构建是"美丽中国"中"美丽"的重要内容。习近平总书记强调山水林田湖草是生命共同体，"人的命脉在田，田的命脉在水，水的命脉在山，山的命脉在土，土的命脉在林和草，这个生命共同体是人类生存发展的物质基础"[1]。森林和草地是土壤的命根，是人赖以生存和发展的基本要素。在发展早期，国民的幸福感往往与

---

[1]　习近平：《努力建设人与自然和谐共生的现代化》，《新长征》2022 年第 9 期。

GDP的增加有很大的关系。但是，在GDP继续增加的情况下，人们幸福感的提高幅度远远小于GDP的增速。二者之间的差异主要表现为"生态逆差"，即"生态效益"并未充分发挥。如果我们的生态状况和我们的经济发展一起下滑，这条道路必然无法继续走下去。这意味着，逆向发展的生态系统将导致经济的退化。为此，必须对生态与社会发展的相互影响进行深入的思考，并对未来所要建设的都市进行反思。

现代化的都市发展方式要求实现生态化的转变和提升。在整个文明的过程中，我们的文明历经了部落、农耕、工业等多个发展阶段，从工业文明到生态文明。迈向新的生态文明时期，构建美好家园是中国人民的伟大梦想的核心。公园城市是一种新兴的概念，某些地方政府部门经常将它与"城市公园""在市区建设公园"相混淆，而学界对其概念的界定也并不一致。公园城市的实质是建设"人、城、境、业"高度和谐统一的现代化城市，是以"绿色价值观"为指导，以"以善为本"的多元治理主体，以"以人为本"为核心的社会治理主体，在实现"资源分享"的基础上，构建人与自然共生的新的城市管理模式。无论是过去、现在还是未来，城市发展的品质都离不开人们对其自身的认识与位置的认识，更多地依赖于城市的设计与建造。在世界范围内，城市化的发展速度越来越快，城市问题越来越严重，如何寻找可持续的城市发展道路已是一个重要的课题。追溯其根源，可以发现，城市发展既是人们对自我发展的一种空间反射，也是对人与自然之间的联系或者对文化的投射。为此，探讨我国今后可持续发展的都市形态的转变与提升，必须从"美丽中国"的理念出发，从"一个核心、两个关键、三个维度、四个特点"入手。

"一个核心"即人与自然和谐共生，这就要求环境优良、生态安全、城乡优美、绿色发展、绿色生活以及制度健全。"两个关键"即高质量发展与高水平保护，要从资源环境承载能力，生产、生活、生态三种功能空间布局以及生态系统优化方面推动高质量发展。"三个维度"即外在美、内在美与制度美。外在美体现在生态环境健康安全与城乡人居环境优美；内在美体现在经济发展绿色高效与社会生活绿色幸福；制度美体现在生态文明繁荣昌盛与生态文明制度健全。"四个特征"即整体性、协调性、多样性与现代性。整体性要求全国各地稳定跨过生态环境拐点，实现"美丽"的整体提升；协调性要求推动社会经济和生态环境的协调互动；多样性要求结合地区环境、发展、人文等优势形成多种多样的"美丽"气质；现代性要求秉持现代化环境治理理念、制度与手段支撑"美丽中国"建设。

公园城市承载着城市人口、经济发展、蓝绿比例、蓝繁天数、生态价值、发展创新、高端人才等要素，包含经济发展、环境保护以及满足人民对美好生活需求的多重目标。目标间的相互融合与和谐共生，是美丽中国建设背景下经济社会发展的产物，同时也是美丽中国中"美丽"的重要组成部分。目前，我国作为一个人口大国，正面临快速城市化所带来的前所未有的城市问题。习近平总书记提出的"公园城市"，正是基于绿色发展理念的城市发展范式，是高质量发展背景下的城市建设新模式探索，也是现代城市发展走向转型升级的必然趋势。

公园城市的哲理基础必须以人为本，以人为本囊括"天人合一"、人与自然和谐共生、尊重自然、利用自然、顺应自然等理念，公园城市建设应该融入自然，成为自然的一部分，要"天人合一"，要人与自然和谐。正如习近平总书记讲的"地球生命共同体"，城市应该是美好家园，建设在"天人合一"、人与自然和谐共生等哲学基础上。

第二节 公园城市的经济理性

在现代化城市发展演进过程中，以"旧城改造""腾笼换鸟"为代表的经济行为是重要的推动因素，但并非每一次对城市现状的革命都能实现"凤凰涅槃"。当经济理性在城市发展的实践过程中占据主导地位时，城市发展的机理就开始发生根本性变化。特别是当经济理性推动社会生产力所创造的城市功能越来越丰富时，倘若城市发展的目标让位于对经济价值的无限追求，就会影响到人与城市、人与环境、人与自然的和谐共生关系，城市发展的经济社会文化功能就会逐步蜕变为创造经济价值的手段。2018年2月，习近平总书记考察调研成都时强调，要突出公园城市特点，把生态价值考虑进去。2020年7月，习近平总书记在中央财经委员会第六次会议上提出"支持成都建设践行新发展理念的公园城市示范区"。党中央、国务院在《成渝地区双城经济圈建设规划纲要》中要求成都"以建成践行新发展理念的公园城市示范区为统领"。[1] 结合习近平生态文明思想的指导精神，以及"公园城市"发展理念，不难发现城市发展理念正在更新升级，亟须从粗放的开发模式进入城市精细化、人性化、生态化发展模式，在关注经济价值的同时，充分考虑到人与城市、人与环境、人与自然的和谐共生关系。公园城市经济理性的逻辑关系，如图2-2所示，无非是破旧与立新的权衡，是乡愁与发展的博弈，是睿智与盲目的抉择，让城市发展理性得以回归。因此，本节从经济理性视角，考察城市发展演进过程中破旧与立新的权衡，乡愁与发展的博弈，睿智与盲目的抉择，阐明公园城市对"经济理性"的批评和对"生态理性"的构建，突出"以人为本"的发展逻辑。

一 破旧与立新的权衡

推陈出新是确保人类社会得以永恒发展的一般规律，破旧的目的就是革除旧的，立新的目的就是创建新的。而现今，国家高度重视城市的高质量发展和可持续发展，"十四五"规划对积极稳妥推进城市

---

[1] 成都市委市政府：《成都建设践行新发展理念的公园城市示范区行动计划（2021—2025年）》，《成都日报》2022年5月25日第1版。

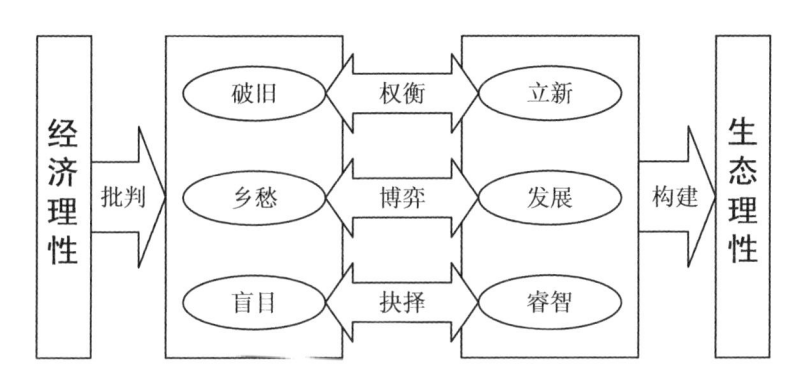

图 2-2　公园城市从"经济理性"到"生态理性"的逻辑关系

生态化更新进行了部署，提出了城市高质量发展的战略目标。因此，在公园城市的发展进程中，既要破除不符合甚至阻碍时代进步的东西，又要开拓创新，继承和发展与时俱进的事物。推进践行新发展理念的公园城市建设，就必然会破除旧的，也会触动很多原有的利益关系，从而获取新的发展动能，这就是破旧与立新的权衡。

破旧是立新的基础。就"破"而言，从马克思主义哲学这一社会经济学的分析手段出发，这里所讲的"破"应该是辩证地否定旧事物。当一个事物的发展已经不符合时代要求，且阻碍时代进步，失去积极作用的时候，就可以分析破除它和否定它的必要性，并研判可能据此诞生的新事物或新路径。但当一个事物还具有发展的必要性，且能符合时代发展的要求时，我们就不能去破除它、否定它。恩格斯曾说，"否定的方式在这里首先取决于过程的一般性质，其次取决于过程的特殊性质"[①]。也就是说，一切事物的发展都是否定与自我否定的矛盾斗争，这是普遍规律，但各个事物的内部结构又是不一致的，因此在否定的形式上又各具特点。所以"破旧"的本质含义是否定之前的旧事物，"破除"仅仅是表现层面的含义。具体到城市发展而言，"破旧"就是要破除城市中不符合且阻碍城市发展的旧事物，为城市

---

① 《马克思恩格斯文集》（第9卷），人民出版社2009年版，第149页。

高质量发展提供基础支撑和可持续发展的新动能。而现今倡导的公园城市，并不是新建立一座城池，而是在现有城市的基础上进行提升改造，但并不是对旧城所有的事物都进行改造，首先要识别事物是否符合当前城市发展，然后才能明晰哪些事物需要进行破除。而那些仍然是公园城市发展所必要的，符合当前时代发展的事物就不应该破除。

立新是破旧的目的。马克思主义认为，发展的本质就是推翻旧事物、旧制度，产生新事物，建立新制度。[①] 破旧的目的是立新。"立"就是建立的意思，可以是思想上或者行为上的创造。"新"有两种含义：一是时间上的新，后生产出来的事物比先生产出来的事物新；二是创新的新，指的是事物本质属性与原来的不同。就公园城市而言，立新应该是第二种含义，即本质的不同。立新不是对旧城的修修补补，而是在破旧的基础上，重新建立时代发展所需要的新事物。成都市在打造成为"公园城市"的目标上，建立新事物定要与"公园城市"的发展定位相适应。

破旧与立新的权衡是"旧城"与"新城"的妥协。任何事物内部都至少包含肯定和否定这两种对立因素，肯定因素决定着事物存在的价值和意义，否定因素是决定事物未来发生质性转变的根本。一切事物之所以都能体现为发生、发展和衰亡的过程，主要也是因为事物内部中的肯定因素和否定因素在起作用，事物的发展方向也主要由这两种因素的统一与矛盾决定。当肯定因素占据主要方面时，事物处于当前发展方向的上升期，我们称之为"立"。但是随着时间的推移，事物内部的否定因素占据主要方面时，事物就会发生质性改变或进入衰亡时期，从而被新事物所替代，我们称之为"破"。城市发展也是如此，从新中国成立至今，成都市先后进行了五次城市总体规划修编。1953年，成都市按照国家相关要求，确定成都市未来发展方向和布局以天府广场为中心展开；1982年，成都市总体规划对城市规划发

[①] 梁树发：《马克思主义发展的本质与形态》，《中国高校社会科学》2021年第1期。

展方向和城市性质进行了明确,强调对传统历史城区格局进行保护;1996年,成都城市总体规划又强调中心城区"退二进三";2011年编制的成都城市总体规划则是强调突出全域城乡统筹规划;2016年,成都城市总体规划确定了基本建成新发展理念国家中心城市。每一次的总体规划都是破旧与立新的权衡。2016年,成都市进行的第五轮城市总体规划修编,也是国家空间规划改革后,成都首版覆盖全域全要素的"多规合一"的总体规划;是强化战略引领,建设践行新发展理念的公园城市示范区的空间纲领性文件;是面向2035年长远发展的指南,是推动新时代高质量发展的空间蓝图,是各类开发建设活动的基本依据。2018年,习近平总书记在成都视察时提出"要突出公园城市特点"的要求。标志着成都市的城市发展即将整体转向以新发展理念为引领的公园城市建设模式上来,成都的城市发展又面临一次"破旧"与"立新"的权衡,"破旧"要破除那些与公园城市发展不符合的事物,"立新"要站在打造公园城市目标的视角继承、发展并创新。

  坚持"破旧"与"立新"并举,必须科学、辩证地把握公园城市的内在规律,才能推动城市高质量发展。必须要破除"不敢"的畏难思想、"不想"的放任思想、"不快"的观望思想、"不能"的懈怠思想,主动担责、自觉担当,做好这项事关成都全局和长远发展的重要工作。要工作上再给力,真正突出重点抓。"破旧"和"立新"就是我们要抓好的两个重点。一要"勇"字当头,在"破旧"上给力。要找准"破"的突破口,实现事半功倍的效果;要营造"破"的好氛围,争取广大干部群众的支持和参与,在全社会形成强大声势;要拿出"破"的撒手锏,多管齐下、多措并举推进工作,确保各项工作有序有力。二要以"谋"字为先,在"立新"上给力。要谋定位、谋产业、谋项目、谋功能、谋品质、谋推进、谋提升、谋招引、谋服务、谋带动,真正把这十方面工作谋深谋细。在实际工作推进中,要处理好"破旧"与"立新"两者关系,做到有勇有谋、智勇双全。

二 乡愁与发展的博弈

发展城市就会"东拓西进""南延北伸",就有可能改造旧城,就会斩断许多人的乡愁,淡化人们的记忆。那么,如何让乡愁与发展实现有机统一呢?中共中央、国务院印发的《国家新型城镇化规划(2014—2020年)》指出,根据不同地区的自然历史文化禀赋,体现区域差异性,提倡形态多样性,防止"千城一面",发展有历史记忆、文化脉络、地域风貌、民族特点的美丽城镇,形成符合实际、各具特色的城镇化发展模式。2013年中央城镇化工作会议提出"让居民记得住乡愁",也旨在强调推进以人为核心的城镇化的要求。所以,要留住"乡愁",不能"千城一面"。[1] 毋庸置疑,一个城市不要说遍布全城的文化古迹,就是一草一木都具有极高的历史意义,极富保护价值。[2] 老百姓生于斯、长于斯,熟悉了周围的一草一木,日久生情是属于情理之中的,这样的恋物情愫是可以理解的。但也需要理解的是,社会在进步,城市要发展,这是时代不可回避的问题。南京曾因为修地铁,被市民视为"城市灵魂"的法国梧桐树被迁移,引发了广泛的关注和热议。对于这个问题,南京市政府正面回应,广泛听取民意,进一步优化地铁设计方案,竭力保护迁移的法国梧桐树,最终得到了南京市民的认可和理解。[3]

乡愁是发展的牵绊。乡愁是一种情绪,一种主体对客体产生的复杂的怀旧情绪,乡愁的情绪不分国界,不分民族,但又因为文化差异不同而表现出不同的形式。[4] "乡愁"是在人类家园文化与离散现实的矛盾冲突中,人生羁旅心灵诉求所触发的带有悲剧意味的普遍情思

---

[1] 赵畅:《千城千面,才能留住"乡愁"》,《人民日报》2014年3月20日第5版。
[2] 吴时舫、苏宇轩:《生命之城市》,武汉大学出版社2020年版,第425页。
[3] 杨爽:《新时期政府与民间协商对话的政治学分析》,硕士学位论文,南京大学,2013年,第47页。
[4] 陈烨:《乡愁视域下贵州民族村寨旅游可持续发展研究》,硕士学位论文,贵州大学,2019年,第97页。

与深刻感想，只要社会中的人们在不断变化流动，只要人们心中有诉求，"乡愁"便会一直存在。"乡"不一定是指乡村，还可以是曾经生活过、见到过的场景或事物，但一定是给自己留下过深刻印象的；也可以是文化上的"乡"，即对家国文化、传统文化、历史文化、民族认同等产生的某种情绪。"愁"也因不同时代背景、不同主体而生成诸如愁苦、怀念等情绪，这些情绪不一定是消极的，也可以是积极的、主动的。但无论如何，都是对已过去的、已消逝的某种环境、生活等产生的思念、忧愁等复杂情绪。特别是现当代，这种情绪已经随着城镇化、都市化带给人们压力和焦虑，很容易从个人的情绪变成集体性的情绪。倘若这种情绪弥漫在整个社会中，就可能会给城市的更新发展带来一定的阻力。

发展是乡愁的消解。发展依然是当代中国第一要务[1]，发展是消解饱尝离别之苦的根本[2]，在城市发展日新月异的今天，人们很难对城市中的某一处事物产生离别之情，高楼耸立、地铁修建、道路拓宽等，一年一个样的城市形态已经让城市中生活的人们无暇顾及街边的布局。而乡愁情绪较为浓烈的进城务工、落户的人们，由于乡村风貌几十年未曾发生太大的改变，熟悉乡村的一草一木、每家每户，自然会产生感情。受困于工作、交通等原因，人们大多选择在春节返乡一解乡愁之盼。而在城镇化不断推进的今天，为了吸引更多的农村居民进入城市，就需要在公园城市建设中一并解决其思乡之情，在公园城市建设中"留住乡愁"，让居民在公园城市中"望得见山，看得见水"。这也是公园城市发展的主要目标。

乡愁与发展的博弈是"居民"与"城市"的较量。乡愁和发展的博弈并非要让乡愁让步于发展[3]，而是在发展中留住乡愁，既要让

---

[1] 习近平：《发展依然是当代中国第一要务》，《杭州》（周刊）2015年第10期。
[2] 潘法强：《江苏地方文化史》，江苏人民出版社2020年版，第410页。
[3] 谭荣华、杜坤伦：《特色小镇"产业+金融"发展模式研究》，《西南金融》2018年第3期。

市民理解并积极参与城市建设，同时也要聆听居民的诉求，解决居民的"乡愁"情绪。梭罗在《瓦尔登湖》中写道："城市是一个几百万人一起孤独生活的地方。"① 随着现代化建设的纵深推进，在城市中生活的人自觉或不自觉地被挤进高墙林立的混凝土都市中，霓虹灯日夜喧嚣，张扬着繁华和热闹，城市虽然被认为是生活前瞻性的代表，城镇化率也得到了快速提高，但快节奏也让生活充满着压力和冷漠。这就导致当下生活在都市的精英们，出现越来越多"逃离"都市生活、"回归本我"的声音和行动，这似乎预示着未来城乡融合发展要走的一条路径。在中国人的文化基因里，对这种"乡愁"感慨更为强烈，似乎每个人心中都向往着陶渊明所描绘的"桃花源"，向往着"芳草鲜美，落英缤纷"，向往着"阡陌交通，鸡犬相闻"，向往着"黄发垂髫，怡然自乐"。从古至今，人们对理想生活方式的追寻，不约而同地排除高墙林立、繁花似锦的大都市，却选择这阡陌小道的乡村田园生活，悠然自乐，自给自足，与世无争，乡邻和谐。② 但在城镇化突飞猛进的今天，完全的乡村生活已经成为过去式，完全的都市生活又被如今的居民所厌恶，因此我们需要寻求两者的均衡，正如霍华德在《明日的田园城市》所描绘的，未来的城市形态应该是都市和田园的结合③，而公园城市则是霍华德田园城市理想的现实版本和更高一层的形态。成都市打造公园城市就是要广泛汲取乡村和城市各自的优点，让城市居民能够在公园城市中感受到乡愁，同时又不乏现代都市的科技感。

三　睿智与盲目的抉择

公园城市建设是事关城市设施完善和功能健全的一件大事，而老

---

① 转引自唐梅花《多维与含混：梭罗生态思想面面观》，博士学位论文，厦门大学，2017 年，第 103 页。

② 陈烨：《乡愁视域下贵州民族村寨旅游可持续发展研究》，硕士学位论文，贵州大学，2019 年，第 55 页。

③ 刘林：《霍华德的田园城市理论及启示》，《杭州学刊》2017 年第 3 期。

城改造则是城市建设必不可少的一部分。改造旧城是个不间断的过程，取决于城市发展方向的选择和发展速度的快慢。在城市发展的进程中，虽然旧城改造提升工程是大部分市民多年的愿望和期盼[1]，但是也需对旧城保留修复价值进行研究判断，才能有效实现旧城改造，提升城市形象和品位。有步骤地改造和更新老城市的全部物质生活环境，有利于改善市民劳动、生活服务和休息等条件。

明智的选择胜于盲目的执着。古人云：塞翁失马，焉知非福。选择是量力而行的睿智与远见，放弃是顾全大局的果断与胆识。[2] 每个人都是自己生命的导演，学会选择与放弃的人才能彻悟人生，学会在适当的时候有所选择、有所放弃，不盲目执着，不好高骛远，才能给自己创造一个美好的人生境界。《墨子·大取》中指出："断指以存腕，利之中取大，害之中取小也。"表达了"两害相形，则取其轻；两利相形，则取其重"的哲学道理。如果不分清是非，只盲目地一味坚持，必然会给自己带来灾难性的后果。更多时候，人类就是因为一种不愿舍弃的心理才导致了生命更沉重的负荷。所以，一座城市的发展，要放下无谓的坚持，选择明智的放弃。因为生活在这里的人们不可能一直停滞不前，要伴随时代的滚滚车轮向前迈进。但是也不能因为要发展，而摒弃城市发展历程中积淀的优秀物质和历史文化，要对城市发展多一些理性和包容。这也许就是对于城市发展的经济理性：明智的选择胜过盲目的执着。

四 从"经济理性"批评到"生态理性"构建

经济理性是城市发展的初级阶段。[3] 经济理性伴随着资本主义制

---

[1] 张松：《转型发展格局中的城市复兴规划探讨》，《上海城市规划》2013年第1期。
[2] 张立文：《中国传统文化与人类命运共同体》，中国人民大学出版社2018年版，第314页。
[3] 高培勇、樊丽明、洪银兴等：《深入学习贯彻习近平总书记重要讲话精神 加快构建中国特色经济学体系》，《管理世界》2022年第6期。

度的出现而产生，是资本主义发展的必然产物，是人类在发展过程中的必经阶段。[①] 经济理性以产业发展为核心，通过整合各类生产要素，如劳动力、交通设施、资金、技术等，使生产效率达到最大化。产业发展一直以来是城市发展的核心，通过规模经济和集聚经济等，不断在城市中形成不同的产业增长极。同时，随着产业规模的扩大、产业结构的转型升级，城市的增长极也在不断增加，城市发展也逐步外延。但在城市发展的经济理性视角下，也产生了不少问题，首先是环境问题。以山西省大同市为例，煤炭行业一直是其支柱产业，城市发展煤炭行业的目的就是推动城市经济的高速增长，以煤炭产业为核心汇聚了大量的人力、物力和财力。从结果来看，煤炭行业的高速发展确实极大地促进了大同市的经济发展，但随之而来的是环境的恶化、资源的枯竭，城市的经济增长也随之停摆。可以看出，经济理性虽然使人们生活水平有了很大的提高，带来了丰富的物质生活，带动了城市的发展。但是由资本推动的经济理性，其动机就是不断追求利润增长，提高产品的数量，导致出现了发展极为不平衡不充分的经济理性。经济理性对自然资源不断的开发和利用加剧人类与自然之间的矛盾，继而导致生态环境的恶化，造成日益严重的生态危机。

生态理性是城市发展的高级阶段。生态理性指的是人们的生产活动对自然造成的生态影响，其宗旨是通过降低对自然造成影响的生产成本，在缩减生产劳动时间的同时生产具有价值高且耐用的产品。生态理性更注重以人为核心，通过优化人口与资源、环境、社会的关系，进而为人类生产生活创造更大的空间。在生态理性的视野里，生活质量依赖于环境，其中包括对空地、新鲜的空气、宁静的环境、建筑样式和城市规划等方面的需求。这些自然资源不能被生产出来，无

---

① 周楠：《新常态：经济理性与政治理性的辩证统一——基于中国特色社会主义政治经济学视角的分析》，《湖北社会科学》2017年第2期。

第二章 公园城市发展范式的学理基础和动力支持

论什么价格也购买不到。[①] 生态理性是在分析和解决社会问题时,从生态学的维度考察人与自然、人与社会之间的关系。公园城市也应如此,城市如同自然界一样,有其内在的系统,城市的道路、交通、下水道、产业布局等,共同构成了城市的生态系统,城市的发展也不再由单一的 GDP 进行衡量,而是通过生产、生活、生态三方面进行综合衡量。公园城市的建设目标也是如此,公园城市不仅要有公园承载人们的生活,同时也应有相应的生产空间和生活环境,共同构成公园城市的内部结构,缺一不可。

从"经济理性"批评到"生态理性"的构建,体现了公园城市"人、城、境、业"的高度融合。提升人们的价值观念和思维方式是实现生态理性的前提条件,摆脱经济理性的出路在于崇尚生态理性,进行生态重建。生态重建是把生态理性深入到经济活动中去,生产对环境有利的绿色产品,发展生态技术和绿色农业,节约原材料,生产耐用和可以重复使用的产品。这种重建是对生产方式,对化学工业、交通运输和农业的生态重建,在保证人们生活基本需要的基础上,缩短劳动时间,提高劳动生产率,其本质就是使经济理性服从于生态理性。公园城市"人、城、境、业"的高度融合正是生态理性的现实表达,公园城市的建设,归根结底是让每一个热爱生活的人参与其中,构筑一个全民参与、全龄友好的生活环境,让市井生活与良好生态相得益彰,让市民在共建共治共享中感受美好、体味幸福。一个城市是一个有机体,需要一个"全科医生"进行综合整治,使城市治理形成一张整体的网,能提高城市治理现代化水平,也将在更大范围、更宽领域、更深层次推动公园城市全方位变革。公园城市是能实现职住一体的城市形态,由传统城市以产业发展为中心转变为公园城市以人为核心的发展,是城市发展从经济理性到生态理性的现实案例。产业的

---

① 国务院发展研究中心和世界银行联合课题组、李伟、Sri Mulyani Indrawati 等:《中国:推进高效、包容、可持续的城镇化》,《管理世界》2014 年第 4 期。

规模发展、集聚发展固然提高了经济生产的效率,也为城市后续发展提供了充足的动力,但随着人类文明的前进,环境问题、气候问题逐渐涌现,成为城市发展的障碍,产业再自由发展将对人类自身造成严重影响。因此,人类亟须自救,从以产业发展为核心的"头脑热"中抽离,转而关注人类与自然的和谐共生,将人置于生态链中,生产、服务等自然也围绕人类运转,为人类提供职住一体的环境。这不仅能够缓解城市拥堵、减少交通污染排放,同时也能缩短通勤时间,提高生产效率。此外,在公园城市里,不仅有满足职住一体的舒适环境,还有硬核科技持续赋能,形成"开放创新文化"相协调的发展动能。在这样一座城市里,智能化的设施将渗透我们的生活,创新也会变成一种城市文化,成为公园城市的深厚力量。公园城市是一个看似很宏大的议题,实际上构建以自然要素为基底的青山绿道蓝网、创造绿色街区模式营造健康生活,与平日生活息息相关。公园城市也是一个看起来很长远的事情,但千里之行,始于足下,只要坚持不懈就会变成一件功在当代、利在千秋的伟业。

第三节 公园城市的生态逻辑

本节聚焦公园城市的生态逻辑,从要素集成—过程耦合—数据融合—模式发展四个维度开展生态价值转换研究(见图2-3),更多强调生态平衡,重点从生态意识与城市形态、生态问题与城市革命、生态社会与城市伦理、生态平衡与城市发展、从工业文明迈向生态文明的思考五个方面阐释公园城市发展的生态逻辑。

一 生态意识与城市形态

为了能更加有效地解决城市发展中的高物价、高地租、交通拥挤、空间污染等问题,以及乡村发展中的停滞、衰落、环境恶化等问

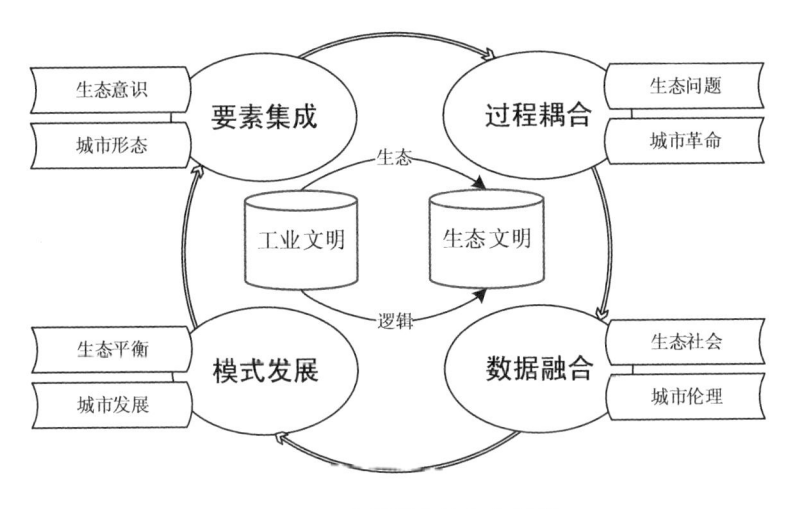

图2-3 公园城市的生态逻辑

题，在《明日的田园城市》一书中，霍华德提出了一种有助于城乡融合发展的建设思路，也就是打造一种兼具城市与乡村优点的田园城市、社会城市、生态城市，并且认为"城市与乡村必须成婚，这种愉快的结合将迸发出新的希望、新的生活、新的文明"[1]。从霍华德的城乡融合发展思路中，不难发现他所强调的城市发展形态中的三种生态意识。其一，社会与自然和谐共处，是他构想田园城市、社会城市、生态城市必须具备的基本特点。"人类社会和自然美景本应兼而有之。"[2] 理想的城市是人们可以享有城市的一切优越性，"然而乡村所有的清新乐趣——田野、灌木丛、林地——通过步行或骑马瞬时即可享用"[3]。其二，交织在自然中又彼此联通的适度城市，是他构想田园城市、社会城市、生态城市的空间形式。"城市一定要增长，但其增长要遵循如下原则：这种增长将不降低或破坏，而是永远有助于提高城市的社会机遇、美丽和方便。"[4] 为了方便人们同时获得社会与自然

---

[1] ［英］埃比尼泽·霍华德：《明日的田园城市》，商务印书馆2010年版。
[2] ［英］埃比尼泽·霍华德：《明日的田园城市》，商务印书馆2010年版。
[3] ［英］埃比尼泽·霍华德：《明日的田园城市》，商务印书馆2010年版。
[4] ［英］埃比尼泽·霍华德：《明日的田园城市》，商务印书馆2010年版。

的优点，城市的规模不宜过大，不同城市之间的距离也不宜太近或太远。其三，城市各阶层主体的互惠行动，是他构想田园城市、社会城市、生态城市的重要路径。霍华德认为，城市问题是所有城市相关主体共同造成的，也需要并可以通过大家的协作予以解决。"把目前社会的可悲状态全部归咎于人类的单一阶级不是一个极大的错误么？"①"每个人都有一定程度的改革天性；每个人都有一些对其同伴的尊重。"通过建立公平的体制，完全可以营建兼具城市与乡村优点的田园城市。②

公园城市与田园城市仅有一字之差，但本质和内涵却不同。首先，霍华德提出的田园城市是一种理想的城市形态，需要选址重新建立，而就现实来看，城市已经形成了固定的规模和格局，在空间上也没有富裕的土地能够提供给新城市。然而，公园城市的建设主要是在现有城市的基础上进行升级改造，以满足人与自然、人与城市、人与人之间的和谐共生发展。其次，公园城市的生态意识不同。人文主义城市观的代表人物格迪斯在《进化中的城市——城市规划与城市研究导论》一书中展现出的生态意识更为符合公园城市③。其生态意识的内容有以下几个方面：其一，大自然的秩序方面。他认为，只要我们改善环境，激发功能，大自然一定能重新给我们以健康和美丽；重新复兴，必将超越过去的最高纪录。其二，诸多城市问题不是相互孤立的，需要厘清不同城市问题之间的有机关联，并寻找系统的解决之道。城市问题不应被个别地、过于专业化地处理，它们在逻辑上是相互联系的，彼此不可分离。其三，不同的区域有不同的生态，应建构以不同的地理生态等差异为基础的城市个性。"每一个真正的城市设计，每一项正当的规划方案，应当且必须体现出对当地及区域条件的

---

① [英]埃比尼泽·霍华德：《明日的田园城市》，商务印书馆2010年版。
② [英]埃比尼泽·霍华德：《明日的田园城市》，商务印书馆2010年版。
③ [英]帕特里克·格迪斯：《进化中的城市——城市规划与城市研究导论》，中国建筑工业出版社2018年版，第84页。

充分利用，展示当地的和区域性的个性。"其四，人与人之间的和谐共生是城市生态的重要内容，人与自然之间的和谐共生是公园城市的核心问题，人与城市之间的和谐共生是公园城市的发展动力，自然与城市之间的和谐共生是公园城市的内在魅力。解决城市可持续发展问题、建构更美好城市的重要基础是恢复、回归城市主体的社会性、公共性。这与公园城市建设的指导思想相对贴近，在构建人与自然和谐共生的今天，公园城市的建设就是要将"绿水青山就是金山银山"的理念贯穿公园城市全过程，充分彰显生态产品价值，推动生态文明与经济社会相得益彰，促进城市风貌与公园形态交织相融，着力厚植绿色生态本底，塑造公园城市优美形态。

二 生态问题与城市革命

生态问题、生态意识是一种以城市为语境和场域的关系问题和关系意识。[①] 城市不同于乡村，城市面临的问题更为复杂和全面。人类社会发展至今，共经历了三次城市革命，每一次城市革命都伴随着生态问题的进一步严峻，生态意识的又一次觉醒。在农耕文明时代，以农业为基础产生了第一次城市革命。"大约在6000年前，世界上出现了最早的城市，这些城市很快又成为各地的政治和经济中心。事实上，自从城市出现以后，整个世界和人类一步一步地被纳入围绕城市所组成的复杂社会的影响之下。"[②] "在公元前3500年到公元前500年，世界上的很多地方，包括美索不达米亚、埃及、印度北部、中国、中美洲以及安第斯山脉中部都发展成为独立而复杂社会。"[③] 城市之所以是复杂的社会，是因为城市是人类、社会与自然的交织点，各种关系交织在一起，也就造成了城市的复杂性。同过去小规模的社会相比，城市规模更大，生产的产品和容纳的人口也更多，人类逐步构建

---

① 陈忠：《城市社会的生态逻辑：问题本质与伦理自觉》，《现代哲学》2016年第6期。
② [美]杰里·本特利、赫伯特·齐格勒：《新全球史》，北京大学出版社2007年版。
③ [美]杰里·本特利、赫伯特·齐格勒：《新全球史》，北京大学出版社2007年版。

起了包括经济、政治、文化、社会等子系统在内的复杂的城市系统。与此同时,人们也开始遭受到比小规模社会更加复杂和严重的城市问题。问题的出现也让人们开始全面反思自然、社会和人类等复杂关系的生态本性。以农业革命为基础的第一次城市革命开启了人类的前现代城市社会,这个时期是人类完整生态意识的生成期。

在工业革命的推动下,人类文明得以快速发展,兴起了以商业城市和工业城市为代表的第二次城市革命。传统的城市发展模式也发生了重大变革,科技革命的出现、化石能源的利用、专业分工的细化等都为人类创造了前所未有的效率和财富。随后,人类的活动主要以城市为空间和载体,人们开始主动或被动地干预城市的发展模式和发展进程。人类的过度干预,城市规模的不断扩大,导致城市人口数日益增加,同时也给城市发展带来了新的问题。人类在享受物质的同时,也承受着越来越多的压力和痛苦。[1]

蕾切尔·卡逊于 1962 年出版的《寂静的春天》就为我们描述了这样一个事实:滥用杀虫剂、除草剂等由工业发展而生产的化学药物,对自然环境造成了严重的破坏,并且对人类也造成了持久性的、不可逆的危害。为此,卡逊对这种由经济理性造成的危害进行了批评,认为自然界有其自身的运行逻辑,"自然平衡在比较早期的、比较简单的世界上是一种占优势的状态"[2],但"现在这一平衡状态已被彻底地打乱了"[3],所以"也许我们已不再想到这种状态的存在了"[4],甚至"一些人觉得自然平衡问题只不过是人们的随意臆测"[5]。然而,卡逊坚信自然平衡的存在,认为它是"一个将各种生命联系起来的复

---

[1] 张曙光:《论价值与价值观——关于当前中国文明与秩序重建的思考》,《人民论坛·学术前沿》2014 年第 23 期。
[2] 蕾切尔·卡逊:《寂静的春天》,许亮译,北京理工大学出版社 2018 年版。
[3] 蕾切尔·卡逊:《寂静的春天》,许亮译,北京理工大学出版社 2018 年版。
[4] 蕾切尔·卡逊:《寂静的春天》,许亮译,北京理工大学出版社 2018 年版。
[5] 蕾切尔·卡逊:《寂静的春天》,许亮译,北京理工大学出版社 2018 年版。

第二章 公园城市发展范式的学理基础和动力支持

杂、精密、高度统一的系统"[1]。为了重新构建"自然平衡",卡逊也给出了自己的解决方案,她积极倡导"生物控制法",即生物学的解决办法。卡逊所说的"生物控制法"是"基于对活的有机体及其所依赖的整个生命世界结构的理解"[2]而获得的昆虫控制方法。具体来说,它们"力求将一种昆虫的力量转用来与昆虫自己作对:利用昆虫生命力的趋向去消灭它自己",它们包括"雄性绝育技术"、通过引进昆虫的天敌来成功地实现对严重的虫灾的控制、利用昆虫本身的生活习性创造消灭昆虫的武器等。[3]《寂静的春天》所包含的环境危机观、自然平衡论和新行动主义思想,是对工业文明下人与自然如何友好相处的思考,但是也引发大家对当代城市发展的核心价值观进行构建,以便能更为深刻地理解如何科学推动实现人与自然和谐共生的现代化。

以生物克隆技术、航天科技等新兴科技为重要推手的发展模式不断涌现,城市的发展建设也面临着新的抉择。受战争影响,世界主要国家的城市都遭受了一定程度的损坏,无论新建、修复还是提升,都需要在既有技术手段的基础上对城市进行建设。人类迎来了第三次城市革命。这次城市革命对自然资源消耗的程度更大,人们在宏观、中观、微观层面都日益面临比农业社会、工业社会时代更为复杂多样、相互纠结、变化加速的关系。在这样一种背景下,树立新的公园城市生态意识对第三次城市革命的可持续发展具有重要意义。

近年来,习近平总书记始终站在人与自然和谐共生的高度谋划中国的发展,对成都也提出了建设践行新发展理念的公园城市示范区的要求。这赋予成都深入探索人与人、人与自然、人与城市、自然与城市和谐共生的重大政治任务和时代使命。这就要求人们树立系统思维,对复杂的关系进行更为自觉的生态反思、生态观照和生态营建。

---

[1] 蕾切尔·卡逊:《寂静的春天》,许亮译,北京理工大学出版社2018年版。
[2] 蕾切尔·卡逊:《寂静的春天》,许亮译,北京理工大学出版社2018年版。
[3] 蕾切尔·卡逊:《寂静的春天》,许亮译,北京理工大学出版社2018年版。

公园富含生态意识，城市中的公园是城市建设中的生态反思，公园的数量、质量反映城市生态营建的程度。以公园的理念建设城市，无疑是将生态意识完美嵌入城市建设中，让城市中的居民看得见山、望得见水，推动生产、生活与生态空间融合发展，实现山水人城和谐相融。

三 生态社会与城市伦理

马克思的生态批判伦理揭示了资本逻辑和权力结构对空间生态系统的破坏性。[①] 为了解决环境治理问题和创建生态型社会，城市的发展正在呼唤新的发展方式，要求构建起基于整体生态观的城市理念和伦理。伦理是事物关系的本质，是一种良性、可持续的关系。伦理指导人们将对世界和人际关系本质的有意识理解融入人们的思想、心灵和社会制度及行为中。[②] 整体生态观不仅要植根于城市理念和城市心态中，而且要植根于城市体系和城市活动中。

生态型城市需要构建具有"尊重伦理"意义的城市发展理念。霍华德、格迪斯和芒福德都对城市生态学进行了有益的研究。他们要么将生态主要视为一种自然有机体，要么将生态主要视为一种社会有机体，要么回顾性地分析城市的发展历程，并没有真正把人类发展、自然演进和城市可持续发展作为一个整体进行有机看待。然而事实上，城市是多样性和异质性文明的空间集合体，是非常复杂的生命形式。城市的良性运行需要所有相关要素和系统各部分和谐与有机统一。缺乏广泛的生态尊重是现代城市环境恶化、社会矛盾突出等问题的重要原因，每个要素或系统的问题都可能成为城市社会普遍危机的根源。因此，就需要创造并构建起一种基于尊重自然、尊重社会、尊重个人

---

① 孙全胜：《论马克思"空间生产"生态批判伦理的路径及启示》，《内蒙古社会科学》2020年第2期。
② 葛晨虹、陈寿灿：《伦理学与当代中国文化建设》，浙江工商大学出版社2018年版，第85页。

的综合性生态城市伦理。

城市是一种有生命的有机体,是复杂、有规则和多样的存在。[①]越来越多的人开始从秩序和复杂性的角度看待公园城市问题。不难发现,作为一个复杂和多因素的有机生态系统,城市具有内部秩序和边界,能够承受变化。如果人类干预超过一定限度,就会导致某个环节甚至整个城市的可持续发展遭受危机和破坏。在工业革命的影响下,人们难免倾向于以无限干预的理念促进城市和社会发展,并集体自觉地认为,自然是无限可掠夺的,资源是无限可替代的,人的需要是无限扩展的,人的能力也是无限扩展的。伴随着人们对人与自然关系的深入认识和深刻觉醒,构建基于尊重自然、顺应自然、保护自然理念的可持续城市发展伦理至关重要,并亟须形成一种具有自我控制道德的生态城市精神,以及创造一种简单、平和与自我控制的生态城市生活。总之,城市发展中的生态意识是一种城市情感和城市思维,是对城市进行反思、批判和建设。不合理的城市化和缺乏伦理思考是生态关系恶化的主要原因。没有公园城市制度和城市生活伦理,就无法解决生态问题,包括自然环境问题。公园城市是生态社会与城市伦理的有机结合体,具有可持续发展的城市生态意识,是一种深层的生态城市开发模式。

四　生态平衡与城市发展

生态平衡与城市发展是辩证统一的关系。生态城市的发展,必然要求兼顾城市规划与生态平衡,同时还要解决生态城市实践中的问题,要坚持城市规划先行,对传统城市发展模式进行再造,并推动城市生态系统的平衡发展。尤其要重视水资源的充分有效利用,因为水是生命之源,也是治理城市污染不可或缺的宝贵资源。城市是人类活

---

① [加拿大]简·雅各布斯:《美国大城市的死与生》(纪念版),译林出版社2006年版,第48页。

动的重要区域，建设人与自然和谐共生的现代化，必须把保护城市生态环境摆在更加突出的位置。城市生态环境为经济社会发展提供了水资源、污染净化、气候调节等重要支撑。城市植物具有较强的臭氧吸收能力和空气颗粒物滞留能力，城市绿地对于缓解城市热岛效应具有重要作用。绿地还是城市居民休闲游憩的重要场所，对保障居民身心健康具有重要价值。

推进人与自然和谐共生的现代化，必须以满足人民日益增长的优美生态环境需要为目的，以城市发展面临的生态环境问题为突破口，在城市生产空间、生活空间、生态空间规划上下足"绣花"功夫，努力处理好城市生产生活和生态环境保护的关系。党的十八大以来，以习近平同志为核心的党中央把生态文明理念和原则全面融入城镇化全过程，强调走集约、智能、绿色、低碳的新型城镇化道路。绿地建设提高了城市调节气候、净化环境、减轻内涝、维持生物多样性等生态功能以及休闲娱乐的文化功能，对改善城市人居环境、提升城市品质发挥了重要作用。

对于生态平衡与城市发展的协调推进。一是优化城市内部空间格局。以生产空间、生活空间和生态空间为抓手，扩大"三生空间"范围，提升城市容量。以生态空间为基底，引导生产空间绿色化发展，促进产业生态化；引导生活空间低碳化发展，促进生活绿色化；巩固生态空间本色，以城市公园建设为契机，厚植生态本底。二是巩固城市基础设施建设。推进互联网、5G、大数据、人工智能等信息基础设施与传统基础设施融合发展，建设广覆盖、大连接、低功耗的物联网网络。控制城市建筑领域碳排放，实施建筑能效提升工程，推广使用装配式建筑、绿色建材和低碳建材，鼓励建设超低能耗和近零能耗建筑。完善城市生态绿地体系，加快绿廊、绿环、绿楔、绿心等绿地建设，构建完整连贯的城乡绿地系统和绿道网络，为建设人与自然和谐共生的现代化提供有力支撑。

第二章　公园城市发展范式的学理基础和动力支持

五　从工业文明迈向生态文明的思考

工业文明反映出的主要特征是人类对自然的征服。① 工业文明有两大"法宝",一是科技革命,二是市场经济。科技革命使人类征服自然的能力有了质的飞跃,对自然的利用和改造效率提高了一倍,不断开发出新技术和新产品。与此同时,市场经济成为人类征服自然以最大限度地提高自身福利的动力和制度机制,并导致生产和消费失控,远远超过人类的基本需要。

近半个世纪以来,一系列全球环境危机表明,地球复合生态系统难以支撑工业文明的进一步发展。② 世界自然基金会(WWF)等联合发布的《地球生命力报告2012》指出,人类长期以来对地球的累积压力,导致我们赖以生存的森林、河流和海洋生态系统退化。当前,人类对地球资源的开发利用已经超过了地球可供给能力的50%,如果人类对非可持续的发展方式不作出改变,这个数字将增长得更快,即使是两个地球也无法满足人类的生存和发展需求。自20世纪70年代以来,人类对自然资源的开发超过了地球的恢复能力,温室气体排放量也超过自然吸收能力,导致全球气温升高、气候变化和海洋酸化,有些生态系统甚至在资源枯竭之前就可能遭到破坏。这些变化已经对人类赖以生存的生物多样性、生态系统和资源造成沉重压力。

生态文明是尊重和保护自然、注重生态整体发展的人类文明的高级形态,包括以自然和人类社会发展为前提,以遵守自然规律为目的,通过人与自然和谐共处,以创造可持续的生产和消费方式为重点,引导人类走上可持续的发展道路。生态文明强调人的自我意识和自律,强调人与自然环境的相互依存、相互促进、共存与融合,最终

---

① 张盾:《马克思与生态文明的政治哲学基础》,《中国社会科学》2018年第12期。
② 义传浩、滕祥河:《中国生态文明建设的重大理论问题探析》,《改革》2019年第11期。

实现人与生态、人与人之间的和谐。可以说，生态文明是人类对传统文明特别是工业文明深刻思考的结果，其目的是消除工业文明固有的矛盾和人与自然的冲突。公园城市作为生态文明的一种体现形式，是对工业文明城市的超越和革新，是促进人与自然和谐共生的重要路径，代表了人类文明的更高形式和社会和谐的美好理想。这一以公园城市为代表的文明形态的建设和形成，必将有助于人类建设更高水平的物质文明、精神文明和政治文明。

公园城市把城市作为有机生命体，统筹生态、生活、生产、安全需要，立足资源环境承载能力、现有开发强度和发展潜力，促进人口分布、经济布局与资源环境相协调，采用符合特大城市特点和发展规律的治理之道，不断满足人民群众对优质公共服务、优美生态环境、健康生态安全等方面日益增长的需求。公园城市将更多体现生产生活生态多元导向，生产生活方式将加快向绿色低碳方向转型。2018年2月，习近平总书记到四川视察时专程到成都市和天府新区调研指导，强调要突出公园城市特点，把生态价值考虑进去，努力打造新的增长极，建设内陆开放经济高地。2020年1月，习近平总书记主持召开中央财经委员会第六次会议，对推动成渝地区双城经济圈建设作出重大战略部署，明确要求支持成都建设践行新发展理念的公园城市示范区。2022年1月，国务院正式批复同意成都建设践行新发展理念的公园城市示范区。成都作为践行新发展理念的公园城市示范区，在习近平总书记关心推动下，党中央、国务院为其量身擘画的发展蓝图下，正朝着城市发展的高级形态迈进。

第四节　公园城市的韧性建设

一　韧性城市建设理念的内涵

党的二十大报告中指出，要加快转变超大特大城市发展方式，实

第二章 公园城市发展范式的学理基础和动力支持

施城市更新行动,加强城市基础设施建设,打造宜居、韧性、智慧城市。韧性城市是遵循城市发展客观规律的必然要求,体现了"把困难估计得更充分一些,把风险思考得更深入一些"的底线思维和战略眼光。

韧性城市是一个综合体系概念,包括基础设施韧性、经济和社会韧性、空间韧性、生态韧性、治理韧性等各个方面。建设韧性城市,既要提升传统基建、新基建等"硬实力",又要提升"软实力",如组织管理能力等。

二 韧性城市建设的外延特征

韧性城市建设不是一蹴而就、一劳永逸的,而是循序渐进的。要强化规划的顶层设计,把韧性思维和风险意识贯穿于城市规划建设中,特别是在管理、更新等各个方面,对可持续发展城市进行科学的规划。要因地制宜,根据实际情况,解决好关键问题和薄弱环节,强化基础设施建设,完善应对措施。只有这样,我们的城市才会更加健康,更加安全,更加宜居。韧性城市是一个复杂动态的社会生态系统,能够抵御、吸收和减轻外部冲击危害,快速恢复系统的基本机能,通过优化和提升,可以达到可持续发展的目的。"韧性城市"本质上是"安全之城""繁荣之城""人文之城""创造之城"。

从目标来看,韧性城市建设的关键在于预防自然灾害和应对不确定性。不确定性因素有很多。第一,气候灾害,如城市特大暴雨、台风、冰冻、洪水、干旱等。第二,传染病的暴发,如非典型肺炎、禽流感、埃博拉病毒、新冠病毒等。第三,流动的风险。飞机、高铁、地铁、高速公路、水设施等城市的生命线项目,都有可能遭受难以预料的灾害。第四,技术变化所带来的危险。互联化、网络化和智能化发展,使得各大城市更容易面临网络攻击等技术安全威胁,从而导致数据安全难以保障和隐私泄露等。第五,能源与金融危机。加强城市经济产业链、创新链和价值链的危机处理，提升城市经济的弹性和经济的恢复速度，是城市发展的一个重要问题。

以软硬结合、"多维一体"为基础构建新的城市韧性体系。"韧性城市"是指综合提高抗震力、适应力、复原力，以应付多种"不确定性"的危险和灾害的影响。以"提升学习能力"为主要目标，着重于城市硬件建设（城市房屋建筑、道路桥梁、隧道堤坝、工厂、学校、医院等），以及制度、技术、组织、文化等软件，全面开展政治—经济—社会"多维一体"的生态、文化、治理体系的优化与完善，保证城市建筑设施最牢固、资源配置最合理、制度最完善，最具社会凝聚力，能有效预防、从容应对、快速适应各类内外环境的不确定因素与危机，促进城市在各类风险中发展壮大。"硬韧性"包括城市交通设施、能源生命线设施、建筑、生态维护设施等的抵御自然灾害的能力。"软韧性"包括城市的价值链韧性、政府应急能力、人力资本、社区管理、城市精神文化等是城市防灾减灾的重要手段。在实施"事前""事中""事后"的全过程中，注重时间理念。城镇的韧性是一个时间尺度的功能，在单一的灾害中，重点关注灾害的预防、灾中响应和灾后恢复的整个进程。当灾害发生后，各大城市将会迎来一段时间的抵抗与调整，而城市的韧性则会让这座城市消除不适应性。

三　公园城市与韧性城市的统一

在公园城市实现稳态的生态经济方面。首先，城市是一个"长"在"生态母体"之上的有机生命体，从生态母体获得生长和进化的养分，因此城市发展不能忽视生态母体的健康和持续性；其次，城市有机体要保持顺畅的物质能量代谢水平，不能太慢，但也不用太快，物质能量的消耗和排泄都控制在生态母体能够承受的范围内；最后，不能一味地追求城市这个生命体体量的膨胀，当城市的面积、经济和人口达到一个成熟的规模后,应该更强调适当规模下品质的提升。为能够持久、稳定、繁荣、公平地为人类提供福祉,公园城市需要可持久的规模、稳定的结构、高效的配置和普惠的分配机制。

首先,要控制规模。公园城市应该摒弃工业城市盲目追求经济总量增长和城市规模扩张的狂热,将城市规模控制在相对于生态母体而言恰当的规模,并关注城市结构的优化。其次,要保持结构的稳定。从关注人的福祉角度,公园城市必须调整单纯追求"社会经济资本积累"这一目标的做法,要将合适比重的生态资本转化为社会经济资本,保持城市资本结构的合理性,以满足人们日益提升的需求层次。再次,不能忽视高效的配置。公园城市应该基于良好的机制提高生态环境这一底盘的价值转化效率和能力。各方投资应该更倾向于生态环境的培育和修复,而且要以低流量消耗的方式实现生态价值化,以一种可更新、可修复的速度推进生态资本向社会经济资本的转化,降低城市生产和生活所造成的物质、能量的消耗,使物质、能量的消耗以及由此引致的排放速率控制在生态系统承载力范围之内,提升公园城市的生态环境底盘的修复、再生和转化能力。最后,也是最重要的,就是实现分配的普惠性。对于公园城市以及韧性城市的建设,需要强调三个原则:一是未来目标和现实基础的平衡原则。目标必须高远,必须是彻头彻尾的革新,但不能忽视历史基础,尤其是对老城的改造规划,必须从历史和现实出发,以渐进的方式推动实施。二是统一性和多样性的平衡原则。大方向的标准必须统一,但一定杜绝千城一面,要尊重城市的自主性,充分发掘城市的个性,保存城市的多样性。三是乡村和城市的平衡原则。公园城市的建设是一个弱化城乡二元分化的机会,要利用公园城市的空间和功能规划,更好地连接城市和乡村,实现以城带乡、城乡融合。

第五节 公园城市的动力支持

随着城市发展理念的转型，我国的城市建设实现了从规模经济向生态文明的转变，其本质内嵌了由工业理性向生态理性的跃迁，城市发展理念的革新伴随着动力支持的转变，转变中需要从生产、生活与生态不同维度开展动力支持的动态演进。党的二十大报告为中国高质量发展指明了方向，城市的发展动力支持要素以及方式在不断发生改变，传统的资源（土地、水、空气等）和要素（劳动力、资本、土地等）将以新的支持场景和支持业态展现。公园城市的动力支持需要从目标函数确定、要素支持转换、动力支持机制构建和路径优化等方面发力。

一 公园城市动力支持的目标函数是"以人为本"

公园城市建设是以满足人民群众对于优质公共服务、健康安全等方面的需求为根本出发点，满足了人民对于美好生活的需求，夯实了新时代生态文明价值观，对于生态价值的实现，以及实现人与自然环境和谐发展，提升城市韧性，促进城市治理体系和治理能力现代化具有重要作用。公园城市动力支持的目标函数需要把握三个支点。首先，以"以人为本"的理念为牵引，实现多元主体合力更新。动力支持应该是多主体参与的，是"政府引导、居民主体、社会参与、市场服务"共同支持的城市更新活动，需要充分调动社区居民乃至基层工作者的参与积极性，使得"人"成为公园城市建设的主导者，让更多的规划师、设计师、建筑师以及社区工作者走进社区，与社区的居民一道，开展社区的有机更新和精细化管理。其次，以群众需求为导向，统筹实现公园城市建设。公园城市建设需要注重建设品质，破解公共服务均等性及可及性难题，充分征求人民的意见，不断优化改造

第二章 公园城市发展范式的学理基础和动力支持

提升方案，让改造提升建立在民众需求的基础之上。最后，以人民利益为根本，更新场景。公园城市动力支持升级的方向是回应群众对美好生活的向往，建设之中坚持"设施嵌入、功能融合、场景带动"，依托有机更新植入新的发展业态，培养新发展动能，促进公园城市功能完善和业态升级。

二 公园城市动力支持的要素支持转换是努力实现质效并重

公园城市动力支持的要素支持转换是从传统的要素驱动型向技术驱动型转换，转换过程中注重要素支持方式的改变，特别是新型要素，如数据资产、品牌资产作为动力纳入公园城市建设之中，需要变革全要素生产图景。随着数字经济的深入推进，公园城市的发展将被数字化重新定义，城市的产业与空间格局面临着重新洗牌。公园城市动力支持从依靠规模经济发展范式向范围经济转变，要向全要素生产率要动力，产业、数字、人才、科创、资本与空间需要实现有机融合，要素的数字化正在向公园城市全过程、全要素和全场景渗透。要素支持转换需要实现两个推动。首先，推动公园城市全要素数据化，将城市建设过程中的各种要素纳入城市智慧决策之中。公园城市建设是一个涉及多个学科、多方参与、具有全生命周期特征的系统性工程。数字孪生、物联网等新一代技术将加持生产要素，助力公园城市的自我生长与迭代。其次，推动公园城市创新要素营造以及公园城市动力支持要素有机转换的过程。传统业态的转型升级，需要植入新的创新要素，数据要素将是公园城市创新的重要推力。

三 构建公园城市动力支持机制是实现城乡要素自由流动

体制机制是实现公园城市建设的重要保障。建立健全要素平等交换、自由流动体制机制，促进要素向乡村流动，增强农业农村发展活力。城乡融合发展面临着要素流通不畅的制度性障碍，需要从三个点去着力。首先，着力构建科学的市场规则体系。依据公园城市建设需

65

求，建立健全城市基础设施共享机制，打造统一开放的要素市场，共同制定市场规则。其次，着力构建高效的沟通协调机制，打破行政壁垒，统筹区域产业布局、规划发展和重大布局调整之间的对立统一关系，打造立体化、多层次协商对话机制，建立城市群之间的成本分担和利益共享机制，推进优势互补，合作共赢。最后，着力构建多主体参与的社会治理体系。构建公共服务一体化新体制机制，形成"统一规划、统一标准、统一检测、统一管理、统一应急"的工作机制，建立要素自由流动的通道。

四 公园城市动力支持路径优化是探寻中国式公园城市现代化

党的二十大报告指出，从现在起，中国共产党的中心任务就是团结带领全国各族人民全面建成社会主义现代化强国、实现第二个百年奋斗目标，以中国式现代化全面推进中华民族伟大复兴。探寻中国式公园城市建设现代化既是公园城市建设的内在需求，又是遵循现代化建设的一般规律，也就是在公园城市动力支持路径优化上要有中国鲜明的特色。中国式公园城市现代化需要秉持两条路径。首先，坚持党中央权威和集中统一领导，将党的领导落实到公园城市建设的各方面、各环节，将公园城市切实作为为人民谋幸福的中国式城市现代化路径。其次，坚持创新路径，着力破解公园城市动力支持的深层次矛盾，不断彰显公园城市建设的优势，增强动力支持机制的动力和活力，加强顶层设计和"摸着石头过河"相结合，开辟城市发展新赛道，努力取得公园城市发展新突破。

第三章 公园城市规划设计

生态文明是当今时代的主旋律，公园城市规划体系理念的提出是符合当前中国城市生态环境与可持续发展的重要举措，在世界城市规划建设史上具有开创性意义。这种新的城市发展范式摒弃了工业文明下城市"摊大饼""借外力"的发展框架，从工业逻辑回归人本逻辑，重新定义了人与自然、人与人、人与社会的关系，彰显了"以人民为中心"的民生观；在生态文明的引领下，公园城市以"生态优先"为原则，充分彰显其独特的生态价值；以融合发展为内源动力，充分体现生态文明思想对城市建设的系统观和生态观。本部分立足于公园城市规划设计的本质内涵和价值目标，探索公园城市的建设规划路径，为生态文明发展范式下公园城市的高质量发展提供可复制、可推广的经验。总体来看，公园城市建设要处理好生态环境与城市建设之间的关系，注重绿色空间的点线面切入，城市各功能子系统的有机耦合以及城乡区域的协同发展，最终形成"人、城、境、业"高度和谐统一的城市形态。

第一节 公园城市规划设计的本质内涵

一 公园城市规划设计的内涵

2018年，成都市率先开展公园城市建设试点工作，有关部门陆续颁布了《成都市美丽宜居公园城市规划（2018—2035）》《成都市美丽宜居公园城市建设条例》《成都市公园城市建设发展"十四五"规划》等一系列政策性文件，积极推动公园城市示范区的建设。随后，扬州、咸宁、深圳等城市陆续开展了公园城市的实践探索，虽然目前已取得了一些可复制、可推广的经验，但由于公园城市的建设和实践还处于起步阶段，探索公园城市理念下城市规划设计工作和建设路径，是现阶段推动公园城市科学建设的关键。

公园城市的实现，需要有良好的城市发展理念与规划设计。关于城市规划设计，王建国认为，城市设计是研究城市空间形态的建构机理和场所营造，是对包括人、自然、社会、文化、空间形态等因素在内的城市人居环境所进行的设计研究、工程实践和实施管理活动。[1] 目的是"使城市能够建立良好的'形体秩序'或者'有机秩序'"[2]。城市空间的功能组织、环境品质、生活格调、文化内涵和艺术特色等都是通过城市设计体现并建立起来的。自公园城市理念提出以来，国内已有学者对公园城市如何建设进行了研究，比如黄思涵和于光宇基于"人—公园—城市"和谐共生目标，从明确城绿格局边界、丰富城绿互动和促进城绿价值激活三方面提出了公园城市具体规划路径。[3] 吴岩等认为，公园城市的实现需要从天下为公的人本思想、生态服务功能的需求实现和空间体系的和谐构建三点入手，并且基于田园城市、园林城市等的实践经验进行改造和提升。[4] 吴志强通过对"公""园""城""市"四个字的解构剖析，提出了"全域增绿、全绿提

---

[1] 王建国：《城市设计》，东南大学出版社2010年版。
[2] 吴良镛：《历史文化名城的规划结构、旧城更新与城市设计》，《城市规划》1983年第6期。
[3] 黄思涵和于光宇：《"公园城市"理念的城市设计实践初探》，载《2019中国城市规划年会论文集》，2019年，第1919—1929页。
[4] 吴岩、王忠杰、束晨阳等：《"公园城市"的理念内涵和实践路径研究》，《中国园林》2018年第10期。

质、全方为民、全面永续"的发展策略。① 基于学者们对于城市规划设计和公园城市建设路径的观点，本章认为，公园城市规划设计的本质是在尊重自然生态及其规律的前提下，从整体空间布局、城市功能、区域关系等方面统筹城市未来一段时间的发展和规划建设，从而满足人民对美好生活的向往。

二 公园城市规划设计的理论指导

（一）新发展理念

创新发展、协调发展、绿色发展、开放发展和共享发展五大发展理念，首次提出是在党的十八届五中全会。新发展理念是在深刻总结国内外发展经验教训的基础上形成的，也是在深刻分析国内外发展大势的基础上形成的，集中反映了我们党对经济社会发展规律认识的深化，也是针对我国发展中的突出矛盾和问题提出来的。党的十九大报告提出了习近平新时代中国特色社会主义思想"十四个坚持"，其中之一就是坚持新发展。可以看出，坚持新发展理念，是习近平新时代中国特色社会主义经济思想的核心内容。2020年1月，中央财经委员会召开第六次会议，首次将公园城市规划与新发展理念结合在一起，要求公园城市建设要践行新发展理念。新发展理念与公园城市的结合，是在新发展阶段和新发展格局下探索新的城市规划范式的必然，有利于抓住新发展阶段下技术环境、国际环境带来的机遇，及时应对挑战，推动解决发展不平衡和不充分的问题。② 可以说，公园城市是以创新为第一动力，以协调为内生特点，以绿色为普遍形态，以开放为必由之路，以共享为根本目的的城市发展范式。

---

① 余蕊均：《中国工程院院士吴志强谈"公园城市"：公共底板下的生态、生活与生产》，风景园林网，http：//chla.com.cn/htm/2018/0516/268199.html。
② 蒋鑫：《新发展阶段、新发展理念、新发展格局的系统性逻辑分析》，《经济纵横》2022年第7期。

"创新"发展理念注重解决发展动力问题。习近平总书记指出，创新是引领发展的第一动力。公园城市的创新体现在四个方面：一是理论创新。现代城市规划理论以区域和经济发展为基础，基本可以分为以霍华德的田园城市理论为代表的城市分散发展理论、以柯布西耶的城市集中主义思想为代表的城市集中发展理论和以克里斯泰勒的中心地理论为代表的城镇网络发展理论三大类。这些城市规划理论对我国的城市发展产生了深远的影响，在实际的城市规划过程中得到了广泛的应用[①]，但在解决城市社会问题的城市规划中很难取得理想的效果。理论创新即要求公园城市在规划理论上支撑起生态文明思想下的城市发展新范式，从城市的形态和功能出发，对城市的历史、规模等状况进行分析，最终实现公园城市发展目标。二是制度创新。党的十九大指出，中国共产党的领导是中国特色社会主义最本质的特征。制度创新要求党委政府变革原有的城市建设制度体系，从对抗市场的"外部性"转向辅助市场，降低市场配置空间资源时出现的"交易成本"，实现对城市空间未来发展的调控和引导。三是科技创新。科学技术是第一生产力，通过科技创新赋能城市生产系统、生活系统和生态环境系统的升级改造，促进产业优化升级和突破供给约束堵点，最终引领经济社会的高质量发展。四是文化创新。生态文明与信息文明的交织，要求公园城市建立起具有全球视野，同时又兼顾地方特色的文化服务体系，并培育起全社会的生态环境文化氛围，以可持续的文化生态适应公园城市发展与人的发展需要。

"协调"发展理念注重处理发展不平衡问题。目前我国城市发展中的不平衡、不协调和不可持续问题仍然比较突出，"木桶效应"比较明显。"协调"发展理念下的公园城市需要解决我国城市发展中存在的不平衡、不充分等方面的突出矛盾和问题，实现全面发展。包括人民需求与城市空间设计相协调、发展战略与资源约束相协调、现代

---

① 吴志强、李欣：《城市规划设计的永续理性》，《南方建筑》2016年第5期。

发展与历史传承相协调"三大协调",和产城融合、职住融合、人与自然融合、城乡融合"四大融合"。这就要求公园城市从不同人群的需求出发,结合地域差异和各类政策效能,统筹好空间、规模和产业三大结构,合理布局城乡人口、基础设施、生产力和公共服务等要素,形成精细化治理的策略。

"绿色"发展理念注重回答发展范式问题。节约资源、保护环境和绿色发展是我国的基本国策,是新时代背景下我国生态文明建设的重要途径和手段。改革开放给我国带来了长足的经济增长,同时也产生了高能耗、高排放、高污染和生态环境遭受破坏等一系列问题[1],制约了城市的高质量发展。2021年9月22日,中共中央、国务院印发了《关于完整准确全面贯彻新发展理念做好碳达峰碳中和工作的意见》,10月21日,中共中央办公厅、国务院办公厅印发了《关于推动城乡建设绿色发展的意见》,为我国城市低碳绿色发展指明了方向。"绿色"发展理念要求公园城市从"绿水青山就是金山银山"的大生态观出发,把生态文明建设融入经济建设、政治建设、文化建设和社会建设的各方面和全过程,严守资源消耗的上限、环境质量的底线和生态保护的红线,推动交通、建筑、能源、工业等领域的绿色生态化,实现生态价值转换。与此同时,"绿色"发展理念还要求公园城市以应对气候变化为契机,积极探索符合我国国情的低碳发展道路,进而推动经济社会发展的全面绿色转型,实现人与自然和谐共生的现代化。

"开放"发展理念注重解决发展内外联动问题。改革开放是当代中国最鲜明的特色,是我们党在新的历史时期最鲜明的旗帜。改革开放以来,我国城镇化水平显著提高,对外开放程度大幅提升,但总体上城市发展采取的是对标、模仿以及引进国际先进的发展经验和政策

---

[1] 张桅、胡艳:《长三角地区创新型人力资本对绿色全要素生产率的影响——基于空间杜宾模型的实证分析》,《中国人口·资源与环境》2020年第9期。

措施。为了适应我国经济发展阶段变化,应对错综复杂的国际环境变化以及发挥我国超大规模经济体优势[①],我国将双循环新发展格局作为重要的战略决策。2020年5月14日,中共中央政治局常委会会议首次提出"深化供给侧结构性改革,充分发挥我国超大规模市场优势和内需潜力,构建国内国际双循环相互促进的新发展格局"。2020年11月,党的十九届五中全会通过《中共中央关于制定国民经济和社会发展第十四个五年规划和二〇三五年远景目标的建议》,提出要"加快构建以国内大循环为主体、国内国际双循环相互促进的新发展格局"。公园城市对于"开放"发展理念的践行,就是要以全球视野和开放思维,构建起国际通道体系和国际物流体系,在国际价值链、产业链中占据中高端位置;通过吸引集聚全球性的资本、人才、技术等资源要素参与城市发展,在全方位开放中赢得先机。

"共享"发展理念注重解决发展公平问题。共享发展是新发展理念的出发点和落脚点,也是公园城市建设的最终目标,即实现"人人共建、人人共享"。然而,我国城乡发展又一大突出问题是"城乡区域发展和收入分配差距依然较大",说明距离"共享"还有很长的路要走。在公园城市的建设和发展过程中,"共享"发展理念有着重要的指导意义,有助于优化城市产业资源、服务资源的配置。应始终坚持以人民为中心,坚持发展为了人民,发展依靠人民和发展成果由人民共享,通过有效梳理城市资源,建立起便捷的交通、水电和通信公共基础设施和高水平的卫生健康服务、现代教育体系,并对城市主体功能进行优化,推动区级、城际和国际多层面的共享。与此同时,引导人民参与公园城市建设,构建起共建共治共享的发展格局。

(二)公园城市规划理论

现代城市规划领域涉及诸多内容,公园城市规划设计的理论指导

---

① 刘鹤:《加快构建以国内大循环为主体国内国际双循环相互促进的新发展格局》,《资源再生》2021年第9期。

可以归纳为三个部分①，如图 3-1 所示。

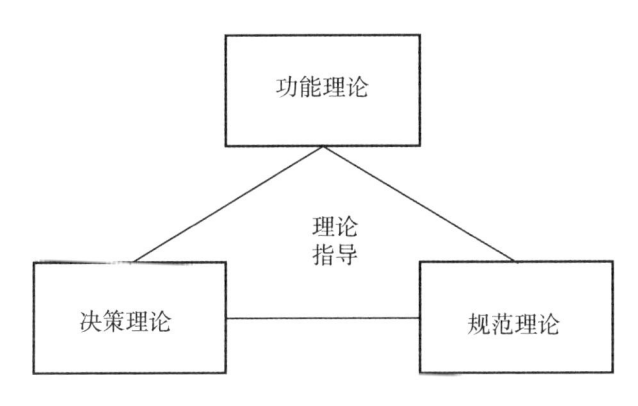

图 3-1 公园城市规划设计的理论指导

一是功能理论。功能理论立足于城市系统本身，通过分析城市的形态和结构，探讨实现城市功能的方法，通常指城市规划工作中所应遵循的原理。

二是决策理论。通过系统地分析影响城市发展的自然、经济、社会和历史等因素，确定城市的主导职能（性质）、城市发展的可能规模和城市发展方向，从而做出科学的决策。在这个过程中需要用到系统的分析方法论。

三是规范理论。主要是阐明城市规划中的价值目标和城市空间形态之间的关系。包括城市规划设计的价值取向，比如区域整体协调、可持续发展、生态城市和公正公平等。

三 公园城市规划设计的原则

首先，定位要有高度。正确认识公园城市的定位和承载的价值是进行规划设计的前提。公园城市的定位是：践行新发展理念的城市先

---

① 孙良辉、鄢泽兵：《解读城市形态的三个分支理论——读〈Good City Form〉有感》，《山西建筑》2004 年第 18 期。

锋，人民宜居宜业的城市典范，服务国家全面开放格局的国际门户枢纽，承载中华文明的世界文化名城。具有一系列体现时代特色的重要价值，包括绿水青山的生态价值、绿色低碳的经济价值、诗意栖居的美学价值、以文化人的人文价值、简约健康的生活价值与美好生活的社会价值。

其次，历史要有厚度。"天人合一"的人与自然的关系是中华民族生生不息的源泉，现代城市规划不应割裂与过去的联系，在倡导以人为本、文化自信、特色传承和可持续发展的今天，更应注重对文化传统的保留和城市文脉的塑造。任何城市都具有其独特的历史文化底蕴，这种独特性体现在不同地区的发展水平和人民的思想价值观等方面的差异。通过对城市文化的追溯探索城市历史脉络，并将其渗透到公园城市规划设计的各个环节，对于打造具有归属感和自然文化底蕴的现代城市具有重要意义。

最后，设计要有温度。公园城市的规划设计要始终体现人文关怀，要充分调动公众的积极性，形成全社会关心、支持并参与公园城市建设的局面，并以满足人民的工作、娱乐和休闲需求为目标，打造"人、城、境、业"核心统一的城市形态。

第二节 公园城市规划设计的价值目标

明确公园城市建设的价值导向和目标导向是进行规划设计的核心环节。从价值观来看，公园城市规划理念具有立足于中国国情的本土观，坚持以人民为中心的民生观，以及强调生命共同体的系统观。基于公园城市规划设计的价值导向，通过规划布局，能够实现开发与保护的协调、城市功能拓展与绿色设计发展理念的统一、国际化与地域化的融会贯通多重目标。

第三章　公园城市规划设计

一　公园城市规划设计的价值导向

一是立足于中国国情的本土观。现代城市规划之父霍华德首次提出"田园城市"的城市规划概念，并促成了欧洲国家的"田园城市运动"，对世界城市规划具有深刻的影响。我国自1989年提出建设卫生城市开始，相继提出了山水城市、园林城市、森林城市等城市建设发展模式。[1]但这些城市规划概念大多都是基于西方城市规划理论和案例的，长期的借鉴模仿所导致的"理论泛化，实践浮华"成为中国城市规划发展的沉疴积弊。[2]公园城市理念是立足于我国国情而提出的城市发展理念，对以往工业文明城市理念进行了超越和反思，标志着我国对生态文明建设的探索有了更为深入的认识和把握，有利于解决城乡空间普遍存在的"二元制"窘境。

二是坚持以人民为中心的民生观。公园城市建设的载体在"园"，而核心在于"人"，强调"公共"与"公平"的以人为本思想。[3]2015年中央城市工作会议指出：城市工作要把创造优良人居环境作为中心目标，努力把城市建设成为人与人、人与自然和谐共处的美丽家园。[4]公园城市无疑充分体现了中央对美好生活和幸福家园建设的高度重视，城市建设不仅仅是城市环境工程，更是民生幸福工程。公园城市的民生观可高度概括为"人民城市人民建，人民城市为人民"，以此为建城和营城逻辑，统筹城市建设的各个方面，使城市更具开放性、可达性和亲民性。

三是强调生命共同体的系统观。生态文明思想下城市发展的一人

---

[1] 王香春、王瑞琦、蔡文婷：《公园城市建设探讨》，《城市发展研究》2020年第9期。

[2] 黄明华、肖佳、周依婷等：《从花园城市到公园城市——城市规划中国特色理论创新的实然、应然与必然》，《规划师》2022年第3期。

[3] 成实、成玉宁：《从园林城市到公园城市设计——城市生态与形态辨证》，《中国园林》2018年第12期；袁琳：《城市地区公园体系与人民福祉——"公园城市"的思考》，《中国园林》2018年第10期。

[4] 曹立、郭兆晖编著：《讲述生态文明的中国故事》，人民出版社2020年版，第38页。

特征表现为自然生态要素（山水林田湖草）、生命系统（鱼虫鸟兽）和人类共生共荣，功能复合，这可以理解为一种"大生态、小经济"的系统观。对于公园城市而言，公园绿地不再是城市的附属，而是被纳入整个生态系统中，作为城市发展的生态底盘，为公园城市的各种价值创造、转化提供基础。相较于以往的城市发展理念，公园城市规划理念并不是为了某个阶段、某个特定城市的发展提出的，而是生态文明背景下的城市规划思想在当下历史时段的系统整合，是对经典的城市建设理论进行吸收，对糟粕进行扬弃，具有实践基础的系统理论。

概括来看，公园城市规划设计的价值导向和具体含义如表3-1所示。

表3-1　　　　　公园城市规划设计的价值导向和具体含义

价值导向	具体含义
本土观	立足于我国国情而提出的城市发展理念，对以往工业文明城市理念进行了超越和反思
民生观	"人民城市人民建，人民城市为人民"，强调"公共"与"公平"的以人为本思想
系统观	强调自然生态要素（山水林田湖草）、生命系统（鱼虫鸟兽）和人类共生共荣，功能复合

二　公园城市规划设计的主要目标

（一）实现开发与保护的协调

城市开发边界是为了控制城市用地的无序扩张而划定的，旨在通过城市开发边界控制城市发展规模、调整城市结构和优化城市布局。[1][2]

---

[1] 梁佳宁、熊国平：《我国大城市开发边界划定研究》，《城乡规划》2019年第3期。
[2] 王燕、杨忠伟：《"城市双修"下苏州生态空间限建区开发保护策略》，《苏州科技大学学报》（工程技术版）2021年第1期。

近年来，为了提升生态空间的规模和质量，我国不少大中型城市在城市总体规划中划定了城市边界和生态空间，并组织实施了相关规划实践[1]，但这种划定物理界限的方法往往使得生态空间与城市空间分离。而公园城市是将城市的生产、生活、生态"三生"空间作为一个整体并对其布局进行优化，既防范了生产生活空间对生态空间的"挤压"，又加强了生态空间对于提升生态空间品质、倒逼空间改善的积极作用，进而实现开发与保护的协调。

（二）实现城市功能拓展与绿色发展理念的统一

如何在空间有限和建设用地不断扩张的情况下，提供充足优质、复合多元的生态功能，提升城市生态系统服务功能，是当下城市规划需要解决的问题。[2][3] 公园城市建设以绿色发展理念为指导，要求生态系统服务从专注于"生态"转向于"人"与"生态"相互调适，通过城市生态功能的打造，既使得生态价值得以体现，同时也实现了传统城市功能的延续拓展，以及与绿色发展理念的统一。

（三）实现国际化与地域化的融会贯通

工业革命后，为了应对城市环境的不断恶化，英国、日本、加拿大等国家纷纷推进城市公园体系的建设[4]，贡献了很多宝贵的经验：一是将公园的概念进行拓展，不单单以公园绿地作为建设对象，还应关注林地、沟壑等自然生态空间，追求整个公园体系带来的综合生态效益；二是在后续管理时，要不断对城市生态系统进行修复，不断完善生态网络；三是充分保障老人、儿童等特殊群体的户外活动使用需

---

[1] 张袁、顾大治、张元龙等：《城市重点生态空间保护性规划研究——以青岛市崂山生态片区为例》，《青岛理工大学学报》2020年第4期。

[2] 吴岩、王忠杰、束晨阳等：《"公园城市"的理念内涵和实践路径研究》，《中国园林》2018年第10期。

[3] 杜文武、卿腊梅、吴宇航等：《公园城市理念下森林生态系统服务功能提升》，《风景园林》2020年第10期。

[4] 郝钰、贺旭生、刘宁京等：《城市公园体系建设与实践的国际经验——以伦敦、东京、多伦多为例》，《中国园林》2021年第S1期。

求。值得注意的是，公园城市建设既需要国际视野，更需要地方情怀。在建设过程中不仅需要学习借鉴国际现代城市的生态绿色发展经验，引入新理念、新技术，更要结合当地特色，以人文理念来打造具有"归属感"的公园城市，实现独特的地域特征与国际经验的融会贯通。

第三节　公园城市空间规划设计的路径方案

公园城市规划设计需要重点考虑以下三个方面：一是践行生态文明思想，推动空间布局的优化；二是注重生态价值，促进城市功能的融合；三是贯彻新发展理念，促进区域发展的协调。在此基础上，以理念培育和规划布局为基础，以制度创新和体制改革为保障，以公众参与和组织引领为动力，形成公园城市的建设路径。

一　公园城市的规划设计重点

（一）生态文明视野下的空间布局优化

城市空间布局无论是在规划层面还是景观层面上都是设计的重要表现形式。[1] 空间布局体现着城市的发展机理，是构建城市的基本框架。但目前我国的城市规划大多是产业规划或专项规划，符合市场经济原则的空间规划体系还没有建立起来。[2] 公园城市空间规划是在生态文明视野下的空间布局优化，从理念上来看，公园城市空间规划要树立"空间均衡"的概念，尊重自然、顺应自然和保护自然，以资源共享为前提，通过整体空间布局的优化来倒逼城市发展转型；从空间

---

[1] 吴晓奕：《"公园城市"理念下旧城公园社区空间布局及基础设施建设探究——以成都少城片区为例》，载《中国风景园林学会2020年会论文集》（上册），2020年，第147—152页。

[2] 包存宽：《生态文明视野下的空间规划体系》，《城乡规划》2018年第5期。

规划的内容编制和技术方法上，2015年9月发布的《生态文明体制改革总体方案》提出要根据主体功能定位划定生产空间、生活空间和生态空间"三生空间"，明确开发和保护"两个边界"。公园城市，以城市公园和公园综合体所形成的"三生空间"为弹性要求，可以根据公园城市空间布局的需要进行调整，而自然保护地、历史名胜保护地与部分生态廊道则是刚性的、不可移动的，管控开发活动要确保"不过界"。

公园城市的空间布局要兼顾内外，实现城市与自然的联通和融合。对于城市内部，应由简单的"空间构建"向"场景营造"转变，将生产区域、生活区域和生态区域融合，形成一个组团就是一个功能区的布局，组团内兼具完整的公共服务、基础设施、娱乐游玩和生产生活全部场景。对外要通过生态廊道、城市绿道、水道等具有"链接"功能的系统与自然有机相连，形成"城在绿中、城绿交融"的城市绿地格局，保证内外生态能量和物质的流通与交换。总体空间特征上，公园城市不仅仅有分布在城市的绿色节点，还有生态廊道构成的线以及公园、湿地等形成的面，点线面的交织构筑起公园城市绿色生态网络。

公园城市的空间规划布局还应该遵循生态系统的刚性约束，顺应自然规律。在公园城市建设之初，就要科学评估生态系统的承载能力，将具有重要生态价值的山区、森林、河流湖泊、基本农田等生态资源，以及自然保护区、风景名胜区、水源保护区、重点公益林等法定保护空间划入生态红线区，确定开发上限与生态底线，出台相应的措施进行保护和合理的开发利用。

（二）包含生态功能在内的城市功能融合

公园城市最终落脚点是"城市"，而城市必须具备发展的功能。城市功能是指对城市空间的实际利用，各种类型的城市功能在城市内部交叉共存，有着不同尺度的相互关联，共同构成功能高度混合、丰富的城市景观。①② 城市功能特别是核心功能，是服务城市、辐射区域、国家乃至全球的核心能力。③ 公园城市的功能包括基本的政治功能、经济功能、文化功能、交通功能和军事功能等，这些核心功能是实现经济、技术、人才和信息高效流通的保障。在生态文明和绿色发展理念下，公园城市还有最重要的生态服务功能。生态服务功能主要有供给、支持、调节和文化四大类④，包括提供公共交往空间和休憩场所，调节城市小气候，减轻热岛效应，减弱雨水径流，吸收有害气体，减弱城市噪声，降低犯罪率等。在公园城市规划设计中需要注意的是，城市的功能之间是彼此联系、相互促进的，功能之间不够协调或单一功能突出往往会使得城市发展效率有余而后劲不足⑤，机械的功能分区也会导致城市出现"就业—居住"的潮汐人流和交通拥挤、生活不便等问题。因此，"多样化、可兼容"的功能融合对于公园城市发展具有重要的意义。这种融合不仅体现在经济、文化等核心功能之间的融合，也体现在生态服务、宜居环境等城市支撑功能与核心功能的融合。

生态服务功能可以通过将绿色网络、绿色廊道、立体绿化等不同类型的绿化形式打造为绿色基础设施来实现。绿色基础设施的概念最早由美国保护基金会和农业森林管理局组织的"GI工作小组"提出，由各种开敞空间和自然区域组成，包括绿地、湿地、乡土植被、森林等。在完善传统的灰色基础设施配套的基础上，利用城市绿地和大面

---

① 解扬、陈骁：《小集聚，中混合，大分区——基于功能同位网络的城市功能混合度多尺度探究》，载《2020中国城市规划年会论文集》，2021年，第136—157页。

② Yimin Chen, Xinyue Chen, Zihui Liu, Xia Li, "Understanding the Spatial Organization of Urban Functions Based on Co-location patterns mining: A Comparative Analysis for 25 Chinese Cities", *Cities*, Vol. 97, 2020.

③ 罗翔、曹慧霆、沈洁：《新加坡城市功能融合及其对浦东新区的启示》，《科学发展》2021年第7期。

④ 王军、张百舸、唐柳等：《公园城市建设发展沿革与当代需求及实现途径》，《城市发展研究》2020年第6期。

⑤ 罗翔、曹慧霆、沈洁：《新加坡城市功能融合及其对浦东新区的启示》，《科学发展》2021年第7期。

积水体区域，利用绿地渗水净水、湖泊蓄水功能，能够有效提升城市生态服务能力。

促进公园城市功能融合的基础要素包括人力资源、生态环境、营商环境和信息化水平等。以基础要素为本底，促进核心功能之间以及核心功能与支撑功能相互融合，是强化和反哺公园城市发展的重要手段。以生活街区为例，生活街区主要分布在城区内部，绿地空间有限，街道和中小公园构成开放的空间系统。应着力于将绿色开放空间系统与多元化的消费业态充分融合，从而打造休闲餐饮、生活服务、观赏游玩等功能融合的城市街道，并适度培育生产性服务功能以改善职住平衡。

（三）新发展理念下的区域协调发展

公园城市在发展过程中需要有效处理好区域协作关系，通过集聚和扩散带动周边城市以及农村发展，形成互联互通的发展格局，这也是"协调"发展理念对公园城市建设提出的要求。对于不同的城市来说，协同化机制包括多核联带机制、群组一体机制和网状协同机制三种。[1] 多核联带机制以快速便捷的交通网络为重要支撑，发挥多个城市的核心引领作用，在规模和质量上带动区域城市水平的总体升级和结构的总体优化。群组一体机制在城市化发展上体现出区域协同共赢的组群特征，通过强化组群竞合效应，创建多元化、多样化的城市化范例，形成具有强大竞争力的城市群。网状协同机制是在区域层次上打造东西横向串联、南北纵向贯通的网状城市格局，以此来推动全域范围内的人口、资本等要素的合理流动和有效配置。

在公园城市发展中推动区域协调，一方面，要求公园城市与外部城市之间团结协作，发挥引领带动作用。例如，加快实现区域间交通网络的互联互通、加速要素自由流动、实现区域协同体制机制创新

---

[1] 朱孟晓：《以城市协同化发展助推区域协同发展》，《山东干部函授大学学报》（理论学习）2022年第2期。

等。另一方面,也要求更高效地统筹内部空间,精准解决发展不平衡、不充分问题,从城乡统筹到城乡融合,实现城乡协调发展,最大限度地释放城市生产力。例如,结合产业生态圈构建城乡统筹的产业功能区,充分利用乡村生态经济,创造经济增长新模式等。

表3-2概括了公园城市规划设计的重点和具体要求。

表3-2　　公园城市规划设计重点和具体要求

规划设计的重点	具体要求
空间布局优化	兼顾内外,实现城市与自然的联通和融合; 遵循生态系统的刚性约束,顺应自然规律
城市功能融合	将绿色网络、绿色廊道、立体绿化等不同类型的绿化形式打造为绿色基础设施,实现生态服务功能; 以基础要素为本底,促进核心功能之间以及核心功能与支撑功能相互融合
区域协调发展	公园城市与外部城市之间团结协作,发挥引领带动作用; 更高效地统筹内部空间,精准解决发展不平衡、不充分问题

二　公园城市的实现路径

公园城市的实现路径包括理念培育和规划布局、制度创新和法制建设、公众参与和组织引领三个方面,如图3-2所示。

(一) 理念培育和规划布局

公园城市建设的基础是树立起正确的城市发展理念,并基于理念进行前瞻性布局。公园城市建设在城市规划中体现了"创新、协调、绿色、开放、共享"的新发展理念。各地在规划建设公园城市时,应将新发展理念的培育放在首位,即以创新为新动能,以协调为新优势,以绿色为新形态,以开放为新引擎,以共享为新局面,以安全为新保障。

在规划布局上要有多样性、独特性和创新性,应结合城市自身的特点，以空间布局的优化、城市功能的融合和区域发展的协调为重点，融合地域文化特色、生态底蕴和历史传承，因地制宜进行公园城市发展规划与布局；在打造文化生态时，可以与未来结合、与不同国家的文化结合，提升文化和艺术高度。

（二）制度创新和法制建设

公园城市建设的保障是优良的制度与法规。应在推动生态价值转化、区域协调发展、多元主体参与等方面形成良性循环的公园城市建设机制。此外，各级政府应坚持问题导向，围绕公园城市建设中心工作和重点工程，进行体制改革，为公园城市建设提供政治动力和保障。[①]

目前，我国还没有关于公园城市建设的专门立法，现有关于城市建设和自然保护的相关法规体系不足以支撑公园城市建设和管理。因此，应制定公园城市规划相关法律，以实现对公园城市的依法管理和长远保护。在推动立法时应注意两点：一是当公园城市立法与现有的法律例如自然资源立法有冲突时应以更高层级的法律为标准；二是要健全跨区域立法程序、统一跨区域立法内容和明晰执法主体，对公园城市发展的不同阶段分别制定相应的管理办法、实施方案和标准规范。

（三）公众参与和组织引领

公园城市建设的动力是群众。应强化各级党委、政府在公园城市建设中的主体责任和政治责任，让工作安排和战略部署落地"变现"。同时，"人民城市人民建，人民城市为人民"，人民是公园城市的建设者，也是公园城市的使用者，应打破传统的自上而下的城市建设模式，加入自下而上的社会大众参与机制，把市民群众的满意度作为评价城市工作的根本标准，充分调动人民的积极性，增强人民的参与感

[①] 董亚炜：《加强党的全面领导以"五大创新"引领公园城市建设》，《四川党的建设》2020年第1期。

和责任感。

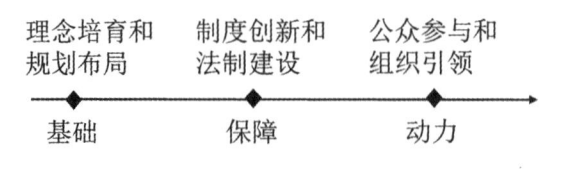

图 3-2 公园城市的实现路径

第四节 公园城市建设的基本路径

一 公园城市形态的塑造

公园城市在建设模式上相较传统的城市规划理念发生了三方面的转变：一是从"产—城—人"到"人—城—产"，二是从"城市中建公园"到"公园中建城市"，三是从"空间建造"到"场景营造"，从而形成"人、城、境、业"高度和谐统一的城市形态，如图 3-3 所示。

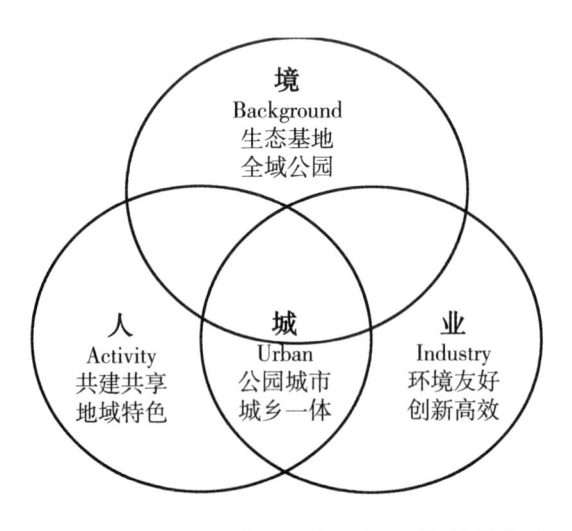

图 3-3 公园城市"人、城、境、业"结构关系

第三章　公园城市规划设计

对于公园城市形态的塑造，主要有以下几点对策建议。

（一）围绕服务"人"，着力创建宜居美好生活

增强居民幸福感，创造公园城市宜居环境。在提高居民收入方面，应强化稳就业措施，提高工资性收入；引导培育壮大中小微企业，提高营业性收入；丰富救助政策供给，缩小收入差距。在住房供应保障和住房条件改善方面，一是要稳定市场预期，加强土地市场调控，支持合理自住需求，持续开展房地产市场整顿；二是要坚持民生底线，针对不同住房困难群体，分类施策精准保障；三是要着力提升村镇房屋建设质量，对农村土坯房进行整改。对于宜居性的提升，应综合利用城市滨河和道路绿地，串联不同类型的公园绿地，构建边界可达的绿道、绿环、绿网等游憩廊道，使点线面充分相连，提高居民进入绿地游憩网络的机会和频率。此外，还要积极提升城市绿地可达性，通过及时调整城市绿地入口的设置，改善绿地周边步行系统、公共交通系统、公交站点与公园绿地入口的对接等措施，降低居民到达公园绿地的成本。

（二）围绕建好"城"，着力营建各类城市场景

针对不同区域，实施差异化的营城战略。在自然山水风景资源优越的区域，完善和丰富休闲旅游服务功能，配置多类型、特色突出的文旅服务；在农业农村地区，塑造和强化乡村田园景观风貌，促进农业休闲旅游业态发展，促进农村经济结构优化和农民增收；在城区内部，提升绿地和开放空间的规模和品质，推动形成绿网织补、绿意渗透的公园化街道和城区，并根据不同的目标和策略因地制宜进行新区建设和旧城更新；在公园、湿地等较大面积的结构性绿地中，建设城市绿色地标，塑造开敞的城市生态风貌，与地域文化特色结合，打造展览和观演平台；在商、教、研、体等功能型片区，以高品质的整体环境建设，打造城市的公共中心和标志性区域，鼓励发展与主导功能相关的特色消费业态，带动城市发展能级提升。

（三）围绕美化"境"，着力厚植绿色生态本底

生态本底是公园城市建设的发展承载力，是应对生态环境挑战的关键。夯实生态本底重点在于从大气、水、土三方面加大生态环境保护修复和污染防治力度。通过加快解决燃煤污染问题、全面推进污染源治理、强化机动车尾气治理、有效应对重污染天气、严格环境执法和督察问责等手段，打赢蓝天保卫战。通过保障城乡饮用水安全、补齐城镇污水管网建设短板、推进农业和农村水污染防治、强化工业集聚区水污染治理、构建水环境治理体系、强化水污染防治科技支撑等手段，打赢碧水保卫战。通过加强土壤污染源头防治、深入推进农用地安全利用、有效管控建设用地土壤污染风险等手段，打赢净土保卫战。同时，利用生态系统的自我调节功能和自组织能力，辅以人工措施，全面推进和实施生态修复工作。

（四）围绕提升"业"，着力营造宜业优良环境

良好的营商环境是最根本的宜业保障，公园城市需要在开放中实现营商环境的优化，构建起与国际通行规则相衔接的营商环境制度体系，塑造公正透明的法治环境，从而促进更加充分更高质量就业。例如，加大制度创新力度，依法推进企业合规治理；加强破产审判工作；高起点、高标准、高质量推进对外开放法治示范区建设；等等。产业结构的优化也是提高城市宜业性的重要手段。公园城市并非表面增绿这么简单，而是引导城市产业体系重构的新动力。公园城市理念下的产业结构调整，是不断向产业绿色化和绿色产业化演进的过程。一方面，应实施清洁生产，促进资源循环。引导高耗能、高污染行业向绿色转型升级，对传统产业中落后的生产方式和生产工艺进行淘汰。同时，引入科技元素，推动互联网、大数据、人工智能等新一代技术与产业转型升级相结合，促使能源、工业、建筑、交通等重点领域产业发展持续向绿色化、生态化迈进。另一方面，应发展绿色产业，供给绿色产品。加大对城市绿色产业的基础建设投资，发展循环经济、绿色经济、低碳经济，推动生态价值向资本价值、经济价值转

化，协同发挥经济效益和生态效益。

二 公园城市建设需注意的问题

值得注意的是，公园城市理念要以当下的发展背景和难题困局为问题导向，讲求"平衡"与"适配"，尽量在建设初期就避免一些误区的出现。

（一）避免出现盲目扩张的现象

公园城市要有一个相对完善的公园体系作为生态支撑，若盲目地建公园，则会失去公园城市的生态价值基本属性。公园的含义也不仅仅是含绿量高，而是包含更为丰富的生态景致。应避免出现盲目扩张、大树进城的现象，合理密植，将存量生态资源盘活用好，最大限度地发挥生态价值。

（二）避免基础建设与城市发展速度不匹配

公园城市的建设规模往往较大，容易出现前期资金投入过大和建设时间过长等问题。对于一些发展较快的城市来说，配套设施与服务的滞后会导致公园城市理想效果无法呈现，进而延缓后续发展。因此，各地区在借鉴公园城市建设模式时不应该照搬，而是要在突出生态价值和"以人为本"的基础上走出自己的特色；生态基础设施与公共服务设施的建设也不能贪大求多，应注重把握公园布局和形态在不同地域限定条件下的弹性适应力。

（三）避免重建设轻管理

公园城市的建设是一个长期的过程，需要持续的投入、规划和运营。在建设之初就要考虑后续维护资产所需的管养费用，避免出现前期为压缩成本采取较为简单的建设方案，却增加了后期修复费用的情况，这样才会避免不可持续的建设过程。

第五节　公园城市规划设计案例

目前全国范围内已有多个城市开展了公园城市建设，公园城市理念的生态性、公共性、文化性、体系化和数字化是"共性"[①]；从目前建设成果来看，不同的城市在实地建设中，彰显出来的是城市的"个性"，为公园城市建设提供了鲜活独特的"城市特色样本"。

一　深圳——中心城区建设公园城市

深圳福田区以"公园里的中心城区"作为总体愿景，通过"强化连接—城园融合—活力提升"三条路径，构建起以绿为底的公园城区活力网络，让公园融入城市生活，为深圳的"千园之城""公园城市建设"提供了示范，也为类似新建中心城区的公园城市建设提供经验和借鉴。

（一）深圳市福田区公园城市建设背景

福田区隶属于广东省深圳市，是深圳市的中心城区，总面积78.66平方千米。截至2022年初，福田区下辖10个街道；根据第七次人口普查数据，截至2020年，常住人口约为155.3万人，经济总量位列全国百强城区第三。福田区是典型的中心城区。中心城区以城镇主城区为主体，包括邻近各功能组团和需要加强土地用途管制的空间区域，是集经济、政治、文化等多功能于一体的综合中心。[②③④] 中

---

① 孟诗棋、赵纪军：《论公园城市建设的"共性"与"个性"》，载《中国风景园林学会2020年会论文集》（上册），2020年，第107—112页。
② 殷学文、于光宇：《公园里的中心城区——福田公园城市建设路径研究》，《风景园林》2020年第10期。
③ 段德罡、黄博燕：《中心城区概念辨析》，《现代城市研究》2008年第10期。
④ 杨华、张春晓：《城市中央商务区高强度开发的规划指标特征分析——以深圳福田中心区为例》，《南方建筑》2013年第5期。

心城区相较于城市的其他区域,具有交通路网结构密集、建筑密度高、人口流动性强等特点。

虽然福田区拥有多样的生态景观,但其生态格局割裂,存在自然山水可达性不佳、人均公园面积不足、公园5分钟步行覆盖率较低等问题,制约了城市的绿色发展。2019年,福田区开始了对公园城区的规划和探索。

(二)深圳市福田区公园城市建设目标

需要明确的是,经过近30年的快速发展,福田区已具备成熟的城市形态,福田公园城市建设不是新建,而是在现状基础上,追求更高品质、更高质量、更具特色的发展。根据《福田区公园城区建设发展规划与近期实施计划》,福田区提出了"建设公园里的世界级中心城区"总体目标,以及"更自然、更精致、更活力、更有温度"的建设愿景。可以看到,福田区对于公园城区的规划,更加强调人的需求和对城市公共服务水平的提升。

(三)深圳市福田区公园城市建设路径

面对福田区城市发展要求与人民生活需求带来的挑战,福田区将公园作为文化交流活动的最佳城市公共空间,并以公园绿地为载体推动深圳公园城市建设。在理念培育上,福田区坚持"人民城市人民建"和"共建共治共享"的社会治理理念,认为要实现公园更新改造目标,仅仅依靠政府一方的力量是不够的,需要厘清"为谁治、谁来治、和谁治"三个层面的问题,并动员公众参与。在体制创新上,福田区坚持以提升公共服务产品供需精准匹配为导向,推动公众参与方式变革。例如,2019年底正式上线的"'未来公园'创意征集——福田特色公园建设·主体创意征集平台",通过激发市民参与公共事务的热情,为公园建设收集"百姓意见"。在建设路径上,形成了"强化连接—城园融合—活力提升"三条路径:一是强化连接。在无法大规模增加公园绿地的基础上,福田区秉持生态创新的理念,不断发展立体绿化新模式新技术,强化公园绿地之间的连接,形成公园城区网络；通过完善慢行交通，增强市民与公园绿地的联系。二是城园融合。福田区通过消除公共绿地物理边界，模糊公园空间和城市空间的界限，不断提升城市空间品质，形成"园在城中，城在园中"的城园交融空间形态。如今，福田区已建成各类各具特色的公园128个，比如具有"生态保护示范"称号的红树林生态公园，集文化、休闲、体验、科普教育于一体的"网红最美公园"香蜜公园，全市首个社区公园群景——田北社区公园群，等等。三是活力提升。福田区城管和综合执法局以"让每个公园都有主体，让每个公园都充盈文化基因"为目标，加快推进以公园为载体的文化交流中心建设，并持续丰富无障碍设施和文化休闲活动，在对公园绿地的改造过程中还格外注重对于城市记忆和历史风貌的留存，以此来增强市民的幸福感，让人们"看得见山、望得见水、留得住乡愁"。

（四）中心城区建设公园城市经验

大中型城市的中心城区往往具有可利用的土地资源少、交通拥堵、老旧基础设施亟待提升、城乡发展不均衡、公园绿地难以大规模增加等特点。对于此类地区来说，践行公园城市理念的重点，一是要改变发展模式，提升治理水平；二是要更加重视现有公共交通站点、公共服务设施、社区中心与公园绿地等资源之间的连接，促进职住平衡，通过人本场景营造来丰富公园的公共功能。

二　扬州——从园林城市到公园城市

扬州是近年来公园城市发展模式的积极推动者和践行者，公园城市理念与扬州近年来的城市发展方向不谋而合，扬州把提升人民福祉作为公园城市建设的首要目标，通过旧城双修"＋公园"和新区开发"公园＋"两条路径，推动扬州从"园林城市"向"公园城市"转变。

（一）扬州公园城市建设背景

扬州位于江苏省，全市总面积6591.21平方千米，下辖3个区和

1个县，代管2个县级市。根据第七次人口普查数据，截至2020年11月1日，扬州市常住人口大约有456万人。扬州是我国首批历史文化名城和具有传统特色的风景旅游城市，"烟花三月下扬州""春风十里扬州路"等诗词更是体现了扬州的风物繁华。此外，扬州城内私家园林众多，最盛时期有200多处，故扬州也有"园林城市"之称。

"园林城市"与"公园城市"的不同体现在"公"字上，私家园林作为私人品，无法为人民提供休憩游玩的公共活动空间和优质的公共生态产品。因而，自党的十八大后，扬州对未来城市格局和公园体系进行了重新规划。对于扬州来说，文化和生态是建设公园城市的两大优势。

（二）扬州公园城市建设目标

扬州公园城市的首要目标是提升民生福祉，在保障公平的同时，满足不同市民的美好生活需求，更好地提供公平均等的环境福利。为此，扬州提出了"111"建设目标，即市民步行10分钟可到达口袋公园，骑行10分钟可到达大型中心社区公园，开车10分钟可到达大型中心综合公园。

（三）扬州公园城市建设路径

在顶层设计上。突出"以人民为中心"的思想，充分听取群众对于公园城市建设的意见。按照居民出行"300米见绿，500米见园"的要求，突出"三个舍得"，即舍得拿出最好的地方建公园、舍得投入资金配套设施、舍得投入精力规划建设；坚持"五可标准"，即可定义、可量化、可操作、可考核和可追究。

在建设路径上。一是对于可供开发的建设用地很少的旧城区来说，由于街巷狭窄、公共设施陈旧、配套服务设施差，主要进行改造（生态修复和城市修补）并新增设施，并通过建设公园改善旧城区的环境，使旧城增绿，即"＋公园"；二是对于新城，先在中心区域规划建设生态体育休闲公园，然后再进行周边配套规划，以公园作为核心要素形成"公共空间＋公共服务＋居民住宅"的布局，即"公园＋"。

在资金保障上，公园建设已被纳入国民经济和社会发展计划，根据计划，各级政府以及功能区管理委员会将公园建设和管理经费纳入财政预算，政府每年从土地出让金中拿出5%用于植树造林和城市绿化。

在法制建设上，扬州制定了《扬州市公园条例》，对公园的规划、建设、管理、使用等活动都进行了详细的规范，并鼓励自然人、法人和非法人组织通过投资、捐赠或参与志愿服务等方式，依法参与公园的建设、管理和服务。此外，扬州人大每年还会对公园的建设进行专项督察。

（四）历史文化名城转型经验

对于像扬州一样具有悠久历史的城市来说，历史街区的改造是一大难题，大拆大建、一味地建高楼大厦只能建设"城"，而无法很好地延续和保存传统。扬州对于公园城市的探索为此类城市提供了很好的经验：公园的建设要注重彰显特色，要和本地区的地形地貌与文化传承结合起来，因地制宜利用空间建公园绿地，打造城市生态和文化高地。在具体实践中，可以通过利用历史街区的桥下空地、边角地带等"边角料"废地，建设规模较小的"口袋公园"，并放置健身设施，从而形成散落在城市结构中的绿色空间，满足不同年龄段的休憩游玩和体育锻炼需求。

三 成都——产业社区场景营造

面对未来之城的建设需求，成都依托公园城市示范区建设，将公园城市营城模式落实到城乡社区，以变革城市发展方式和市民生活为重要目标，对66个产业功能区建成区内覆盖的约800个社区进行统筹，加快营造生产、生活、生态高度融合的产业社区。

（一）成都产业社区营造背景

成都是四川省的省会，也是成渝地区双城经济圈的核心城市，全市总面积14335平方千米，下辖12个市辖区、3个县，代管5个县级市。截至2021年末，成都常住人口2119.2万人。成都素有"天府之国"的美称，资源禀赋丰厚、生态本底良好，产业基础扎实、发展活力强劲，具有建设公园城市示范区的良好基础。2018年，习近平总书记在考察调研成都时首次提出"公园城市"的建设理念，要求成都在打造新增长极、内陆开放新高地的全过程中充分考虑生态价值；2020年，国家提出支持成都建设践行新发展理念的公园城市示范区；2022年3月，国务院批复同意了《成都建设践行新发展理念的公园城市示范区总体方案》。这些都为成都建设发展指明了方向、提供了根本遵循。为落实公园城市示范区建设目标，成都采取了多项举措，其中之一是在城市空间中建设全方位、多领域的公园体系，打造山水生态、天府绿道、乡村郊野、城市街区、人文成都以及产业社区六大公园场景。产业社区是成都在经济组织方式和城市发展方式上的重大变革，作为产业功能区的最小单元，产业社区的营造有助于推动形成优质的产业生态圈。

公园城市理念对产业社区的营造具有价值传导性，强调产业社区通过功能用地的平衡实现融合发展，体现"生态文明"和"以人为本"的双重发展理念。"产业社区"一词最早出现在广东省佛山市南海区桂城街道2010年5月的政府文件中，主要思路是将传统以硬件设施为主的园区设计转换为对企业人员更有关怀感的软性环境营造。[1][2] 产业社区是在产城融合的基础上，融入现代社区管理理念与城市生活功能，具有"高端产业聚集"和"多元场景营造"的双重属性。[3] 传统的产业园区是将生产功能作为最重要甚至是唯一功能的发展方式，而产业社区是以产业为基础，引入治理、文化、商业、休

---

[1] 郭勇：《产业发达地区建设都市型"产业社区"的新探索——以广东省佛山市南海区为例》，《中共银川市委党校学报》2015年第1期。

[2] 康梦琦：《公园城市视角下产业社区的场景营造初探——以鹿溪智谷兴隆片区概念规划为例》，载《中国风景园林学会2020年会论文集》（上册），2020年，第15—21页。

[3] 陈广汉：《产业升级和发展方式转变的一种模式——基于南海都市型产业社区的研究》，《学术研究》2010年第11期。

闲等要素集群而形成的"三生"融合的新型城市功能单元，打破了空间边界与功能边界，有利于推动产业功能和生活功能的融合发展。①

（二）成都产业社区营造目标

2017年，成都市政府出台"产业新政50条"，提出设置园级区、组团级、社区级三级公共服务设施体系，按照15分钟公共服务圈前瞻性布局建设产业新城生活配套设施，提出要打造功能复合、职住平衡、服务配套、生态宜居的产业社区。2019年，成都出台《成都新经济活力区高质量发展三年行动方案（2018—2020年）》，提出建设六大产业社区，明确产业主题，构建合理的企业发展梯度，打造具有竞争力的产业社区。产业社区是产业功能区内部重点打造的小尺度示范空间，成都的目标是实现生产、生活、生态的有机统一，增强城市内生增长动力和可持续发展能力，从而在产业全球化的大格局下，打造出具有全球影响力的新经济策源地和活力区。

（三）成都产业社区营造路径

在顶层设计上，成都立足于推进超大城市治理体系和治理能力现代化，精准测算产业社区未来人口规模以及基础设施、生活服务、公共服务需求门类、规模和布局，从而科学调整产业社区区划，确保社区发展治理能力与相应的人口和空间规模相匹配。一个典型的案例是"芯火"双创基地，作为成都率先启动建设的产业社区，"芯火"双创基地通过科学的顶层设计实现了对不同发展业态、发展阶段和发展能级的电子信息产业细分，以及从业人口的精准匹配。此外，成都市委社治委牵头出台了《成都市产业社区规划技术导则》，为未来产业社区构建提供了指引。在场景营造上，对于新建的产业社区，主要依据人口规模和需求结构，科学安排建设时序；对于已建成的产业社区，重点在于梳理产业社区中的闲置用地、低效用地，加强城市建成

---

① 毛燕武：《从产业园区到产业社区缔造城市休闲新空间路径》，《当代旅游》2021年第19期。

区租地建厂的清理，并进行有计划的征用。在协同治理上，成都着力构建共建共治共享的格局。在产业社区建设中，通过举办沙龙交流等活动，既加强了社区和企业之间的联系，又能够鼓励社会群体积极参与到产业社区发展治理中，形成"产社家企"社区治理共同体；同时，成都还充分发挥党建引领作用，积极开展党建引领产业社区治理的"11234"（1个功能性综合党委，党员"一码通"平台，党员骨干"双向培养"，企业诉求"三张清单"，党组织"四级梯度"孵化），构建科技时尚的小区服务体系，带动产业社区有序发展。

（四）产业社区建设经验

作为产业功能区的基础单元，产业社区充分体现了产城融合、职住平衡的公园城市建设理念。成都依托公园城市示范区建设，将公园城市理念体现在产业社区上，通过合理布局和数字技术的应用，发挥政府、企业、群众、市场等多方力量，实现了研发、消费、居住、生态等多功能一体化，为推动城市高质量发展、构建现代产业的策源地提供了成都案例。除了成都之外，目前北京、上海、深圳等发达城市，也陆续布局了多种形式的产业社区，包括产业小镇、总部基地、特殊街区、科创领地等。国外也有很多城市经过城市转型和产业发展，积累了丰富的产业社区打造经验，比如新加坡纬壹科技城、韩国大德科技谷。各地在发展产业社区时，除了要借鉴国内外成功模式外，更应该结合自身发展情况，注重产业链式发展和产业生态的打造，加强生活性设施的建设，提高产业空间与城市空间的契合度，打造产业创新中心，营造产业社区氛围，等等。

本章以"生态优先，绿色发展""统筹兼顾，城乡一体化发展""统一规划，分类实施""政府主导，公众参与"四个原则，和"实现开发与保护的协调""实现城市功能拓展与绿色发展理念的统一""实现国际化与地域化的融会贯通"三个实践目标为逻辑起点，研究了公园城市的实践目标与规划原则。从"立足于中国国情的本土观""坚持以人民为中心的民生观""强调生命共同体的系统观"三个维度，解析了公园城市的价值导向。从"践行生态文明思想，推动空间布局的优化""注重生态价值，促进城市功能的融合""贯彻新发展理念，促进区域发展的协调"三个层次，详细阐述了公园城市的规划研究重点，构建了以"基础—保障—动力"为脉络的实现路径方案。围绕"人、城、境、业"四个维度，分别提出了公园城市形态塑造的对策建议，并指出公园城市建设过程中可能出现的误区，为下一步公园城市理念的规划实践提供了价值遵循和设计引导。

第四章　公园城市评价指标体系构建

　　公园城市是我国对工业城市发展模式的根本变革和推动生态文明建设保障民生福祉的创新探索。根据公园城市的目标、内涵和重点，结合现有研究及实践成果，为了将先行探索中的丰富经验上升为具有普遍指导意义的发展方案，革新构建更科学完善的公园城市评价指标体系。在现有评价指标体系的基础上，提出公园城市建设新要点：实现生态价值转化、完善现代治理、建设现代乡村。以此构建包含"生态本底、美好生活、绿色经济、现代治理、现代乡村"5个维度的公园城市评价指标体系，明确了公园城市建设25个指数层级目标指引下的具体指标内容。评价指标体系为公园城市规划者、建设者、管理者把握城市新发展理念及实践提供实践参考。

　　自2018年起作为公园城市的首提地，成都从理论研究和实践建设进行了全面探索，探索城市转型发展之路并取得阶段性成果。随着成都公园城市建设的逐步升级，2022年2月国务院正式批复同意成都建设践行公园城市示范区。从首提地到示范区，成都公园城市建设积累了大量的先行经验，如何将成都的特有经验升级为具有示范推广作用的指导建议，如何将丰富多元的公园城市建设成就进行量化评估，是向公园城市转型升级的重点问题。

　　2019年成都发布的《成都市美丽宜居公园城市规划（2019—2035年）》中包含评价指标体系，2020年中国城市规划学会联合成都天府新区发布《公园城市指标（框架体系）》，体现建设公园城市评价指标体系一直是重要工作。但成都公园城市建设在不断深化升级，评价指标体系也该随着建设内容及时更新。成都于2021年发布《成都建设践行新发展理念的公园城市示范区行动计划（2021—2025年）》，提出到2035年成都的公园城市应实现"生态空间与生产生活空间衔接融合，生态产品价值实现机制全面建立，绿色低碳的生产生活方式和城市建设运营模式形成，成熟的现代化城市治理体系，山水人城和谐相融"的目标。2022年6月，习总书记来川视察，也再次强调公园城市的建设需贯彻农业、民生、生态和城市的安全底线等。因此，依据公园城市建设的重点和内涵来完善评价指标体系十分必要。

第一节　现有指标体系评价

评价指标体系能评估城市发展和建设的有效性。科学全面的评价体系能衡量对城市发展最有力的措施，并且能让城市利益相关者尽早参与城市建设，这对城市实施可持续发展的决策至关重要。[1]

一　国际城市评价指标体系

城市评价指标是一种城市综合评估方法，当前全球受较高关注的评价指标有300多个，主要集中在欧洲和北美等发达地区，是城市间相互借鉴的重要来源。[2] 国际城市评价指标体系的建设经历了以评估经济发展为主到评估可持续发展的过程。国际上，智慧城市和可持续

---

[1] Konstantinos Kourtzanidis, Komninos Angelakoglou, Vasilis Apostolopoulos, Paraskevi Giourka, Nikolaos Nikolopoulos, "Assessing Impact, Performance and Sustainability Potential of Smart City Projects: Towards a Case Agnostic Evaluation Framework", *Sustainability*, Vol. 13, No. 13, 2021.

[2] 石楠、王波、曲长虹等：《公园城市指数总体架构研究》，《城市规划》2022年第7期。

发展是公认的城市化进程。对智慧城市评估的研究主要集中于绩效衡量框架、数据连通性挑战、智能可持续城市的综合指标、智慧城市的整体绩效评估、指标集的特征等方面。但由于智慧城市的评价指标过多，目前也没有统一的和被普遍接受的体系来全面、公平地评价智慧城市。经过统计，当前的基本指标主要包括经济、治理、技术、健康、交通、环境、生活和可持续性等方面。国际城市未来发展的重点更多在城市的智能性上，因此，信息、物联网及通信技术在城市治理中的重要性日益凸显，智能城市项目在城市治理中是否发挥作用也是评估关键点。评价指标的建设还应考虑智能城市应用程序的评估，包括城市基础设施管理和公共警报等。[①] 国际城市的未来发展和我国公园城市的建设具有异曲同工之处，也有各自建设的重点。绿色可持续发展是国际城市和我国城市建设的共同理念，即大力提倡使用清洁能源以达到碳中和，实现人和自然的和谐相处。在我国公园城市的建设上，更加把生态本底放在首位，体现恢复生态—涵养生态—实现生态价值的建设逻辑，所以在我国公园城市评价指标体系构建上，对生态的评估指标也应比国际指标更全面。在围绕民生和经济的建设上，公园城市和国际城市在遵循因地制宜的原则上相互借鉴。在城市治理方面，国际城市已十分重视智能化建设，积极运用信息通信技术来构建一体化城市管理，我国公园城市的建设也在逐步深化智慧城市，在此方面指标的建设可参考国际城市评价指标体系。

二 国内公园城市评价指标体系

关于公园城市评价指标体系的建设，国内尚处于摸索阶段，可通过借鉴现行城市评价体系并结合公园城市的内涵进行构建。

[①] Nelson Pacheco Rocha, Ana Dias, Gonçalo Santinha, Mário Rodrigues, Carlos Rodrigues, Alexandra Queirós, Rute Bastardo & João Pavão, "Systematic Literature Review of Context-awareness Applications Supported by Smart Cities' infrastructures", *SN Applied Sciences*, Vol 4, No. 4, 2022.

从构建逻辑角度看，中国社会科学院在《公园城市发展报告（2020）》中指出，首先要明确公园城市建设的指导思想及整体目标；中国城市规划学会结合天府新区的实践编制的《公园城市指标（框架体系）》提出"一个目标—五大领域—十五个指标"的构建逻辑，也体现构建评价体系要先确定公园城市的建设目标；中国风景园林学会编制的团体标准《公园城市评价标准》，在确定公园城市的内涵和建设目标的基础上，明确了7个维度的指标设定。可见，在构建评价指标体系时，首先是要确定公园城市的发展目标，再分析为达成目标需要从哪几个维度去实践，从而根据不同维度的措施进行评价指标细化。

从构建内容角度看，成都发布的《成都市美丽宜居公园城市规划（2019—2035年）》中构建的评价体系借鉴相关国际城市的经验，基于"人—城—境—业"四个维度进行指标细化。在此基础上，另有研究认为，完整的评价体系由价值观、标准和指标三部分组成，并完善为"人—城—境—业—制"五维度的评价体系。[①] 因学者的研究思路具有差异，在构建内容上会产生不同的重点。比如，《公园城市评价标准》还提出安全韧性和特色风貌维度；也有研究把文化传承单独提出来作为维度的一方面[②]，各体系对具体指标的选择也有所不同，公园城市的评价指标体系并无一个统一的标准。

可见，现有的公园城市评价指标体系还有诸多需要完善之处。首先，关于公园城市评价指标体系的研究较少，并且其中大部分评价体系属于逻辑概念构建，仅提出各个指数层的构建目标和内容，并没有对指标进行细化选择，指标的合理性和实操性不强。其次，公园城市的建设重点会随着建设进度而有所转移，公园城市建设的有效性和绩效评估也应随之更新和进一步完善。本章旨在建立具有可操作性的公

[①] 刘滨谊、陈威、刘珂秀等：《公园城市评价体系构建及实践验证》，《中国园林》2021年第8期。

[②] 石楠、王波、曲长虹等：《公园城市指数总体架构研究》，《城市规划》2022年第7期。

园城市评价指标体系，在"生态—生活—生产"的基础上增加新评价重点，助力公园城市理念的推广和公园城市的建设。

第二节　公园城市评价指标体系构建新要点

公园城市理念由提出发展至今，其内涵深化、重点转移，公园城市理念回应生态文明理念的要求、回归以人民为中心的初衷，具有中国特色，因此完善评价体系要基于已有内涵，根据发展重点建立新要点。

一　实现生态价值转化

在习近平总书记生态文明思想指引下，实现生态价值转化是公园城市建设的重要内涵。生态价值的转化具有三个阶段——生态赤字恢复、生态价值深化和生态资本深化[1]，实现生态价值转化主要目的是解决生态贫困和经济贫困。经过近几年的规划和举措实施，生态恢复方面已取得重要成效，当前需进一步深化和转化生态价值。在公园城市建设中要将生态价值转化考虑进来，公园城市的生态价值应包括城市生态系统和周边乡村生态系统的生态价值。生态价值向经济价值的转化，实际上是实现生态资源和生态产品的经济价值。近几年，在生态价值转化上已有诸多探索，其重难点在于完善生态产权制度和建立健全生态价值核算体系，需要从供给侧和需求侧等多方面考量[2]。评估生态价值转化成果是衡量公园城市建设的重要部分，构建指标体系时可从两方面衡量：一方面是机制建设，主要包括生态价值实现及市

---

[1] 江小莉、温铁军、施俊林：《"两山"理念的三阶段发展内涵和实践路径研究》，《农村经济》2021年第4期。

[2] 廖茂林、占妍泓、周灵等：《习近平生态文明思想对公园城市建设的指导价值》，《中国人口·资源与环境》2021年第12期。

场机制；另一方面是市场角度，主要是对生态产业化的评估。

二　建设现代乡村

巩固和拓展脱贫攻坚成果、推动乡村全面振兴仍是乡村发展的重点。乡村地区是公园城市的重要组成部分[①]，推动城乡融合更是这个时代长期研究的课题，需随着公园城市理念的发展探索城乡融合新路径[②]。公园城市的建设离不开乡村，乡村振兴也需城市参与。有研究提出，要用景观设计的理念，把乡村规划建设成为一座座美丽的公园[③]，但寻求公园城市的乡村表达，可能并不适宜把城市发展理念直接套在乡村发展上。把乡村建设成大公园，管理和基础设施建设就是难点，建设乡村、实现城乡融合还需从乡村的本质出发。乡村与城市在空间、形态和产业上都具有差异：在空间上乡村和城市疏离；在形态上乡村的生态范围更广；在产业上乡村以农业为主。现今，人民对美好生活的追求日益加深，更加追求高质量生态产品，人们不再只往城市流入，城市居民在闲暇时刻也愿意到乡村休憩。公园城市的乡村建设还需从农业更强、农村更美、农民更富、保障更全四方面去构建指标。

三　完善现代治理

习近平总书记提出，"城市治理是国家治理体系和治理能力现代化的重要内容，要注重在科学化、精细化、智慧化上下功夫"[④]。城市

[①] 蒋蓉、李帆萍、刘亚舟等：《公园城市背景下成都川西林盘保护与利用规划探索与实践》，《城乡规划》2021年第5期。

[②] 吴笛、谭月、陈挚：《公园城市理念下山地城市城乡融合规划探索与实践——以成都彭州市为例》，《四川环境》2021年第4期。

[③] 蔡竞：《乡村振兴视域下川西林盘保护性发展的调查与思考》，《农村经济》2018年第12期。

[④] 中共中央宣传部、国家发展和改革委员会编：《习近平经济思想学习纲要》，人民出版社2022年版，第102页。

治理的目标是建设和谐城市，提升获得感和幸福感，推进城市管理细化至社区，给予公园城市建设制度保障。[1] 现有研究中，对现代治理的评价体系主要体现在依法治理、基层治理上，公园城市的发展目标还要突出城市抗风险能力和智慧化水平。城市韧性最初由加拿大生态学家克劳福德在20世纪70年代提出，是指城市在实现可持续性目标过程中，抵御、吸收、适应各种不确定性扰动，并从中恢复和自我演进的能力，包含应对长期压力的发展韧性与应对应急性灾害的韧性。习近平总书记来川视察时提出，公园城市的建设要考虑到城市的安全韧性。成都作为西部地区特大城市，在地理、政治、经济、军事和文化上都具有引领作用，在公园城市的发展中不能忽视加强城市安全韧性以抵抗多元化的风险。同时，深化城市智慧水平。智慧城市是指利用信息通信技术，联通城市系统和服务，提升资源的运用效率，优化城市管理和服务，改善市民生活质量，使公园城市实现宜居宜业，使现代治理的管理内容细化、管理流程简化和管理质量提升。

第三节　评价指标体系的构建

一　体系构建原则

新时代背景下，公园城市评价体系通过深入阐释公园城市理念，构建与之相匹配的评价维度与度量标尺，以促进这一新城市发展理念面向全国推广。本书围绕"人—城—境—业"构建评价体系，既要充分体现公园城市的内涵，又要突出人本性和城市建设治理需求。

第一，以科学性为构建体系的基础原则。公园城市评价指标体系在指标选择上要符合实际并具有代表性，在数据收集上要有据可依并

---

[1] 刘滨谊、陈威、刘珂秀等：《公园城市评价体系构建及实践验证》，《中国园林》2021年第8期。

具有可靠性，满足公园城市的客观需要，做到实事求是地评价公园城市建设。

第二，以可行性为构建体系的核心原则。只有能在实际情况中应用的指标体系才具有意义。选取指标要充分考虑数据资料的可获取程度。可多参考借鉴国内现行政策和相关行业技术标准中已被普遍认可的评价标准。

第三，以全面性为构建体系的必要原则。公园城市建设包括生态、生活、生产和治理的各个方面，建立评价指标体系的目的是评估公园城市建设成果以及指导后续发展，评价指标需尽可能包括多方面内容，以期做到全面评价。

二 维度构建

根据公园城市的定义和发展目标，结合国内外构建经验和发展趋势，本章提出 5 个维度的子目标来评估公园城市的建设，包括生态本底、美好生活、绿色经济、现代治理和现代乡村。子目标立足新发展阶段，贯彻新发展理念，坚持以人民为中心与实现高质量发展、高质量生活和高效能治理的目标相结合。

第一，生态本底是公园城市的发展基础。人与自然的关系是人类社会最基本的关系，公园城市是以绿色价值理念为指导，以打造人与自然命运共同体为载体的新型城市治理形态。[1] 我国的城市发展进程经历了生态环境恶化的阶段，城市生态建设与社会经济发展的关系经过从服从到共生、从被动应对到主动响应的转变。[2] 当前，公园城市已取得阶段性成果，生态恢复初见成效，实现生态价值转换是公园城市的关键内涵，公园城市能否实现以生态为基础的永续发展，关键还

---

[1] 史云贵、刘晴：《公园城市：内涵、逻辑与绿色治理路径》，《中国人民大学学报》2019 年第 5 期。

[2] 韩若楠、王凯平、张云路等：《改革开放以来城市绿色高质量发展之路——新时代公园城市理念的历史逻辑与发展路径》，《城市发展研究》2021 年第 5 期。

在于生态价值转化的经济机制能否顺利形成。在生态本底维度，除了大气、土壤、水质等方面的衡量，还需考虑生态价值转化成果，践行"绿水青山就是金山银山"理念，把良好生态环境作为最普惠的民生福祉，将好山好水好风光融入城市，使城市在大自然中有机生长。

第二，美好生活是公园城市的发展要务。以人民为中心是公园城市建设的落脚点和出发点，要以满足市民的需求为第一要务。[1] 公园城市的建设要以优化"市民—公园—城市"三者关系和创造美好生活为主要内容，要惠及民生福祉，提供优质均衡的公共服务、便捷舒适的生活环境，满足人民日益增长的美好生活需求。城市空间布局合理，空间环境绿色开阔，推动居民绿色低碳生活方式。增强城市基础设施普遍度和可及度，健全社会保障，关注社会公平，保障居民的健康、教育、养老、住房需求，提升社区服务满足居民基本及高品质需求。建设世界文化名城，打造城市特色风貌要强调城市个性，传承文化精神，完善现代公共文化服务体系。构建高效复合的交通体系，缩减居民生活、消费和通勤时间，实现便民利民，提高生活幸福感。

第三，绿色经济是公园城市的发展动力。虽然现在仍是工业文明占主导地位，但生态文明理念已举足轻重，绿色经济正引导城市走绿色、低碳、循环、可持续发展道路。公园城市是对工业化城市发展理念的超越与批判。[2] 调整产业结构，要加强绿色低碳优势产业，壮大节能环保产业，实现产业生态化。优化能源结构，要推动能源低碳转型，提升清洁能源供给、消费和使用效率，建设低碳清洁安全有效的现代能源体系。加强科技创新，要依托科技研发新型产业，落实政策鼓励企业创新，培养引进高水平人才，形成开放的科技创新平台。完善金融体系，要提升金融要素资源的聚集和配置能力，提升金融服务

---

[1] 蔡文婷、王钰、陈艳等：《团体标准〈公园城市评价标准〉的编制思考》，《中国园林》2021年第8期。

[2] 赵建军、赵若玺、李晓凤：《公园城市的理念解读与实践创新》，《中国人民大学学报》2019年第5期。

功能，并且探索特色金融体系，开发绿色金融、科创金融，开展面向中小微企业的业务。公园城市要在绿色经济中推动共同富裕，促进高质量就业，提高居民收入水平。

第四，现代治理是公园城市的发展保障。公园城市是城市高质量发展模式，需要高水平城市治理作为城市发展保障。城市治理要体现民主、公平、正义，倡导运用法治思维和方式，鼓励多方参与实现共建共享的社区治理。①但公园城市的现代治理还应随着时代发展不断深化，形成有效的城市治理体系。全面提升城市安全韧性水平和抵御冲击能力。城市作为人类栖居的生存空间，要能抵抗极端天气、地质灾害、传染病等重点突发情况，健全监测预警平台，增强应急救援效率和效果，提升应急物资调配能力。另外，全面推动城市数字化转型，打造智慧城市，加强数字基础设施建设，推进交通、市政公用等领域基础设施数字化改造，打造线上线下联动、服务同步的管理体系，实现数据共享，为居民提供全方位的线上政务服务和公共服务。

第五，现代乡村是公园城市的发展趋势。乡村建设是城市进程中不可缺少的部分，公园城市理念下的城乡融合要从生态价值转化的角度出发构建城乡产业体系，从人的需求角度出发优化城乡功能格局，从生态保护角度出发重塑全域景观形态。②公园城市规划不仅关注城市发展，而且注重乡村统筹发展，体现系统性和全局性，以及从城乡融合到生命共同体的升级过程③。城市需要乡村提供生存物资，农村需要城市反哺建设，建设公园城市不能忽略农村发展。在建设现代农村中，应进一步修复生态，为生态价值转化提供空间，利用本土传统文化开创特色旅游，引流城市居民消费。利用科技建立现代化农业园区，提升管理水平

---

① 石楠、王波、曲长虹等：《公园城市指数总体架构研究》，《城市规划》2022年第7期。
② 吴笛、谭月、陈挚：《公园城市理念下山地城市城乡融合规划探索与实践——以成都彭州市为例》，《四川环境》2021年第4期。
③ 黄明华、肖佳、周依婷等：《从花园城市到公园城市——城市规划中国特色理论创新的实然、应然与必然》，《规划师》2022年第3期。

和农产品质量，健全农产品上下游产业链，为城市居民提供有机农产品，满足美好生活需要。完善乡村基础设施和基本保障，让乡村居民收入提高的同时，老有所依、幼有所养、病有所医，提升乡村居民的生活质量，增强居民幸福感和满意度，实现真正的城乡协同。

三 指标构建

通过对公园城市建设目标的分析，明确了生态本底、美好生活、绿色经济、现代治理和现代乡村5个维度的指标体系架构。在构建具体的指标体系时，核心是要围绕"厚植绿色生态本底、创造宜居美好生活、营造宜业优良环境、健全现代治理体系、促进融合现代乡村"的理念进行探讨。

（一）生态本底

坚持生态文明理念，主要从生态保护、修护、价值转化出发，包括空气质量、生态涵养、水环境质量、资源再利用、生态价值转化5个指数层。人与自然的关系是人类社会最基本的关系，公园城市坚持尊重自然、顺应自然、保护自然理念。该维度的构建遵从"绿水青山就是金山银山"理念，体现"恢复、保护生态—重回'绿水青山'—生态价值转化—实现'金山银山'"这个逻辑。因此，在"绿水青山"角度构建了"空气质量""生态涵养""水环境质量"3个指数层，将好山好水好风光融入城市；在"金山银山"角度构建了"资源再利用""生态价值转化"2个指数层，考察"无废城市"试点建设成果，推动生态优势转化为发展优势。具体指标选择如表4-1所示。

表4-1　　　　　　　生态本底维度的评价指标

指数层	指标	指标说明
空气质量	空气质量优良率	空气质量优良天数与监测天数的比值
	PM2.5平均浓度	直径≤2.5微米的颗粒物在空气中年平均浓度（微克/立方米）
	温室气体排放量减少率	温室气体排放量年均降幅（%）

续表

指数层	指标	指标说明
生态涵养	森林覆盖率	森林面积与区域土地总面积的比值（%）
	建成区绿化覆盖率	全部绿化覆盖面积与区域总面积的比值（%）
	生态及物种保护程度	环境管控单元（个）
	湿地保有程度	湿地面积（万亩）
水环境质量	饮用水水质达标率	城市饮用水水源地水质达标率（%）
	流域水质	流域水质优良率（%）
	污水处理总量	污水处理量（万立方米）
资源再利用	污水再生利用率	城市建成区污水再生利用率（%）
	雨水资源化利用率	城市建成区雨水资源化利用率（%）
	生活垃圾处理率	生活垃圾无害化处理率（%）
生态价值转化	生态价值转化力度	政策文件数量（个）
	盘林建设	盘林数量（个）
	自然资源保护	统一确权登记数量（个）
	生态产品管理	登记数量（个）
	生态价值转化示范区和场景	建设个数（个）
	绿色金融	绿色金融增长率（%）

（二）美好生活

坚持以人民为中心理念，主要从民生出发，包括社会保障、公共空间、公共服务、城市风貌、低碳生活、便捷生活6个指数层。改革开放40余年，我国实现全面小康，解决了绝对贫困问题，公园城市的建造要彰显美好宜居特色。习近平总书记指出，"人民对美好生活的向往，就是我们的奋斗目标"。该维度的构建逻辑应遵循满足"美好生活需要"。美好生活不仅意味着更高的生活品质，还意味着更深层次增进民生福祉，为居民打造更有品质、更加幸福、更为便捷的生活环境。完备社会保障以提供物质支撑，优化公共空间以提高生活品质，完善公共服务以保障社会公平，丰富城市风貌以增加文化精神内

第四章 公园城市评价指标体系构建

涵，倡导低碳生活以实现可持续发展，提供便捷生活以提升居住幸福感。具体指标选择如表4-2所示。

表4-2　　　　　　　　　美好生活维度的评价指标

指数层	指标	指标说明
社会保障	城镇居民最低生活保障	城镇居民最低生活保障支出与城市居民最低生活保障年末人数的比值（元/人）
	医疗保险覆盖率	医疗保险覆盖人数与常住人口的比值（%）
	养老保险覆盖率	养老保险覆盖人数与常住人口的比值（%）
	老旧小区改造覆盖率	城市已改造老旧小区面积和城市面积的比值（%）
公共空间	人均公共开放面积	开放空间面积与常住人口比值（平方米/人）
	人均公园绿地面积	城镇公园绿地面积人均占有量（平方米/人）
	开放空间可及度	住所300米范围内有绿色开放空间的居民比例（%）
公共服务	医疗卫生服务覆盖率	医疗机构床位数与常住人口数量的比值（个/千人）
	公共教育服务覆盖率	生均教育公共投入经费（元）
	文化公共服务覆盖率	每百万人拥有的体育馆、图书馆、音乐厅、文化馆数量（个）
	社会服务覆盖率	每百万人社区服务设施数（个）
	养老设施普及度	养老设施千人床位数（床）
城市风貌	特色风貌片区占比	风貌区面积占总区域比值（%）
	绿色建筑占比	绿色建筑占新建建筑比例（%）
	人均城市文化地标数量	城市地标数量与常住人口比值（个/万人）
	文体活动举办次数	年均举办会展、体育赛事、音乐节等活动次数（次）
	居民文化消费比率	居民文化消费占消费支出的比重（%）

续表

指数层	指标	指标说明
低碳生活	街道密度	街道公里数与面积的比值（千米/平方千米）
	人均绿道长度	绿道长度与常住人口的比值（千米/万人）
	公共交通分担率	公共交通乘坐出行总人次与出行总人次的比值（%）
	低碳消费占比	城市居民低碳消费与总支出的比值（%）
便捷生活	人均城市道路面积	城市建成道路面积与常住人口的比值（平方米/万人）
	公共交通便捷度	住所500米范围内有公共交通站点的居民比例（%）
	轨道交通增长率	区域内轨道交通运营总里程数年均增长率（%）
	15分钟公服圈覆盖率	15分钟公服圈面积与城市面积的比值（%）
	30分钟通勤人口占比	30分钟通勤人口与常住人口的比值（%）

（三）绿色经济

坚持可持续发展理念，主要从增强城市内生增长动力出发，包括生产效率、财税效益、产业结构、能源消耗、研究与开发、企业发展指数、就业效率7个指数层。该维度指标的构建要围绕绿色发展、产业兴旺、科技创新和人才聚集4个小目标。生产效率和财税效益衡量城市建设投入资本和人力的效益，反映整个社会经济发展的持续能力；产业结构衡量产业协同发展的能力，产业结构优化能激发公园城市经济活力；能源消耗衡量节能减排的能力；研究与开发衡量科技创新水平，反映建设具有影响力的科技创新中心的能力；企业发展指数衡量企业经营环境，反映城市为各规模的企业创造良好的市场机会和营商环境的能力；就业效率衡量人才聚集能力。具体指标选择如表4-3所示。

表 4-3　　　　　　　　绿色经济维度的评价指标

指数层	指标	指标说明
生产效率	全员劳动生产率	地区生产总值与总就业人员的比值（万元/人）
	增量资本产出率	全社会固定资产投资总额与GDP增量的比值（元/元）
财税效益	一般公共预算收入	一般公共预算收入与GDP的比值（%）
	人均税收收入	税收收入与常住人口的比值（万元/人）
产业结构	旅游业增加值占比	旅游业增加值与GDP的比值（%）
	金融业增加值占比	金融业增加值与GDP的比值（%）
	文创产业增加值占比	文创产业增加值与GDP的比值（%）
	高新产业增加值占比	高新技术产业增加值与GDP的比值（%）
	绿色经济增加值占比	绿色经济产业增加值与GDP的比值（%）
能源消耗	清洁能源消费	清洁能源占能源消费的比重（%）
	单位GDP能耗	能源消费总量与GDP的比值（吨标准煤/万元）
	单位GDP碳排放	全社会二氧化碳排放总量与GDP的比值（吨/万元）
研究与开发	R&D人员占比	从事研究与试验发展活动的人员与全部从业人员的比值（%）
	从业人员有效发明专利拥有量	每万人拥有经国内外知识产权行政部门授权且在有效期内的发明专利件数（个）
	R&D经费投入强度	用于研究与试验发展活动的经费占GDP的比值（%）
企业发展指数	主营业务收入利润率	利润总额与主营业务收入的比值（%）
	新产品销售收入占比	销售新产品实现的收入与主营业务收入的比值（%）
	成立企业所需天数	成立企业所需平均天数（天）
就业效率	高学历就业人员占比	本科及以上就业人员与常住人口的比值（%）
	应届毕业生就业率	就业和创业应届毕业生与应届毕业生总人数的比值（%）
	居民就业率	该区域就业人口与常住人口的比值（%）

(四) 现代治理

坚持党的领导，主要从城市安全底线出发，包括城市升级、应急能力、治安管理、智慧治理4个指数层。党的十九届四中全会关于治理能力现代化的决定中指出：当今世界正经历百年未有之大变革，必须在推进国家治理体系和治理能力现代化上下更大功夫。公园城市的现代治理要体现城市抵御冲击的能力和安全韧性能力，以及智慧化新趋势。"城市升级"是指城市内涝治理、燃气管道改造、土地利用的升级功能。"应急能力"主要是指城市应对包括恶劣天气、地质灾害、流行病等在内的重特大灾害的能力，包括在物资储备、避难场所、救援队伍等方面的承灾能力。"治安管理"衡量社会治安真实情况和保证社会秩序稳定的能力。"智慧治理"目标是将数字技术融入社会运行，建设"城市数据大脑"，不仅提升政府政务能力，还为居民提供更加便利的线上服务和公共服务。具体指标选择如表4-4所示。

表4-4　　　　　　　　现代治理维度的评价指标

指数层	指标	指标说明
城市升级	排水管网改造率	改造排水管线区域面积与城市面积的比值（%）
	燃气管道改造率	改造不规范燃气管道区域面积与城市面积的比值（%）
	存量建设用地改造率	改造存量建设用地面积与城市面积的比值（%）
应急能力	避难场所覆盖率	避难场所500米覆盖率（个）
	安全风险平台覆盖率	风险综合监测预警平台覆盖面积与区域面积比值（%）
	应急摄像头覆盖率	应急摄像头覆盖面积和区域面积的比值（%）
	现代消防体系	每万人拥有的公共消防基础设施（个）
	传染病科室覆盖率	每万人拥有的传染病科室（个）
	注册志愿者人数占比	注册志愿者人数与常住人口的比值（%）

续表

指数层	指标	指标说明
治安管理	刑事案件发案率	刑事案件数与常住人口的比值（件/十万人）
	八类暴力型案件比重	八类暴力案件与刑事案件的比值（%）
	警情反应速度	接警到警察赶到现场的时间（分钟）
	公安民警人均破案数	年破获刑事案件总数与该区公安民警总人数的比值（件/人）
智慧治理	市政 App 覆盖率	下载使用市政 App 人数与常住人口的比值（%）
	智慧服务覆盖率	智慧设施覆盖区域面积与城市面积的比值（%）
	互联网公共服务覆盖率	互联网公共服务数量与常住人口比值（个/万人）

（五）现代乡村

坚持"三农"工作仍为重中之重，主要从乡村全面振兴出发，包括乡村面貌、现代农业、乡村保障3个指数层。因部分指标在前4个维度中有所体现，为避免重复衡量，该维度主要突出公园城市背景下乡村的建设。公园城市中现代乡村的建设应既能服务城市，又能回馈乡村。"乡村面貌"衡量乡村的空间布局、建筑风貌、文化传承状况，在乡村环境上优化生态环境和塑造乡村形态同等重要。"现代农业"衡量乡村发展内生动力。现代农业的发展有利于形成乡村农产品产业链，发展高质量农业。"乡村保障"衡量乡村民生保障水平。加强农村社会保障体系建设，能持续促进农村居住质量提升。具体指标选择如表4-5所示。

表4-5 现代乡村维度的评价指标

指数层	指标	指标说明
乡村面貌	"三美四好"建设	示范村数量（个）
	农田景观化程度	斑块密度（个/百公顷）
	中国历史文化名镇名村建设	建设名镇名村数量（个）
	特色村落建设	打造特色村落数量（个）
	配套基础设施	乡村平均社区服务站、篮球场、图书室个数（个）

续表

指数层	指标	指标说明
现代农业	永久基本农田保护线	永久基本农田保护线占比（%）
	农业科技进步贡献率	农业科技进步对农业总产值增长率的贡献份额（%）
	农业适度规模经营	农业适度规模经营率（%）
	农产品加工业占比	农产品加工业产值与农林牧副渔增加值的比值（%）
	现代农业产业园覆盖率	现代农业产业园建成面积与区域面积的比值（%）
	休闲农业占比	休闲农业增加值占农村经济的比重（%）
乡村保障	农村居民人均收入增长率	农村居民人均收入增长率（%）
	农村居民最低生活保障程度	农村居民最低生活保障支出与农村居民最低生活保障年末人数的比值（元/人）
	农业转移人口落户率	农业转移人口落户数与农村居民人口的比值（%）
	自来水普及率	使用自来水人口与乡村总人口比值（%）
	燃气普及率	使用燃气人口与乡村总人口的比值（%）
	厕所改造率	厕所改造数量与总厕所数量的比值（%）

第四节　公园城市评价指标体系构建未来展望

中国关于城市发展的探索从未中断，中国城市发展经历了从"山水城市""花园城市"到"公园城市"演变。"公园城市"更符合新时代中国城市发展模式，能够促进工业文明向生态文明的转变，为未来人居环境提供了发展方向。这种城乡全方面发展的创新探索，需要根据发展趋势进行思路更新。在吸取国内外城市建设的经验上，我国公园城市建设更应着眼于国情，分享建设城市的成果经验和教训，先行城市应在自身的建设基础上，进一步深化和细化公园城市建设的方方面面。对公园城市评价指标的建设也需高度重视，指标体系也应根据发展方向和建设重点进行革新和完善。深刻领悟公园城市的理念、内涵和意义，明确总目标和不同发展时期的新重点，评估公园城市建设水平以厘清成果和不足之处，引领我国城市未来建设。

第五章　公园城市的建设路径

公园城市是我国推进生态文明转型的城市解决方案，是我国全面践行新发展理念的重要突破口。建设公园城市，既包括对城市原有区域的更新改造，也包括对城市新建区域的拓展设计。同时，还要考虑在公园城市模式下，实现城市与乡村的"融合"发展，实现区域的协同发展，创造人类文明史上最和谐的城乡共存形态和城市发展范式。本章在回顾国内外城市发展实践的基础上，从城市更新改造、拓展新建、乡村表达和区域协同视域出发，探讨了公园城市的建设路径。

第一节　城市建设的实践探索

一　国外城市发展实践探索

自工业革命以来，城市急剧扩张衍生出诸多人地矛盾。在不同的历史时期，城市发展面临着不同的环境和问题，西方国家在探索绿色宜居城市建设过程中，形成各具侧重的城市发展理论和实践。

西方国家针对不同时期城市建设及发展过程中出现的各种城市问题而提出的解决方案，体现了不同的发展思路、建设方案、治理手段和目标体系。这些理论及实践对全世界的城市发展历程产生了重要影响，世界人民探索城市发展的努力和尝试也从未停止。

1858年，美国推动"城市公园运动"，改善城市卫生环境，促进公共健康，建设纽约中央公园。1877年，英国认识到城市开敞空间对市民健康的意义，颁布《大都市开放空间法》。1898年，霍华德提出"田园城市"，主张"城市应与乡村相结合"，以建设健康、舒适的生活场所。1933年，国际现代建筑协会发布《雅典宪章》，以一种人本主义的理念，强调通过城市规划和功能分区来实现城市的有序发展。1971年，麦克哈格出版《设计结合自然》，首次运用"千层饼"叠图法，对比"健康的"与"病态的"环境，倡导营造城乡健康人居环境。1977年提出的《马丘比丘宪章》更加注重城市功能的融合与动态发展管理。20世纪后半叶为缓解郊区化现象，"新城市主义"强调将城市中的旧城空间变成适宜居住和可持续发展的复兴之城，"精明增长"理论在于利用城市存量空间，形成紧凑、集中、高效的发展模式。1984年，联合国提出"人与生物圈计划"，倡导生态保护，将自然融入城市。1997年，查尔斯·瓦尔德海姆提出景观都市主义，基于生态视角的审视，从风景园林角度来思考城市问题。2002年，国际地方政府环境行动理事会正式提出"韧性城市"概念，强调城市系统在面临慢性冲击和长期压力时应具备抵抗能力、恢复能力、适应能力和阶段演进能力，其内涵广泛扩展，进而与城市规划结合，沿用至今。

二 国内城市发展实践探索

绿色宜居城市视角下，中国城市发展以山水营城理念贯穿其中，并在近代受到西方城市发展思想影响，后期通过园林城市、生态园林城市、海绵城市等理念进行演变。中国古代一直以朴素的山水自然观为方法营建城市，自然山水强调对自然基底的尊重，人工山水追求"虽由人作、宛自天开"，将天然之趣深藏设计之中。近代，受到西方城市规划建设思想的影响，天津、上海、青岛、武汉等租界区的建筑和绿地形态逐渐扩散，我国城市在自然环境中开始绿地系统的实践，带动游憩经济的发展，加速城市转型。新中国时期，结合中国传统山水自然观，城市建设观念以传统建筑学、城市规划学、风景园林学空间规划技术为主。1992年,建设部制定了园林城市评选标准,提出建设分布均衡、结构合理、功能完善、景观优美、人居生态环境清新舒适、安全宜人的园林城市。2007年,由住房和城乡建设部发起创建国家生态园林城市,旨在园林城市的基础上,利用生态学原理,植树造林,增加生物多样性,提高城市生态功能。2015年,住房和城乡建设部提出"城市双修"理念,其中"生态修复"强调通过生态环境的保护和修复,"城市修补"强调通过对城市进行软硬件提升,推动城市环境改善、配套服务提升、发掘和保护城市历史文化等。

进入21世纪,许多关于城市建设的新思想、新理念推动了中国城市发展的诸多成就,涵盖了不同城市类型的建设蓝图规划,也涉及城市规划、生态建设、人文价值等城市建设理念的具体方针。这些城市建设新思想、新理念对于中国城市未来发展都具有重要的前瞻性、指导性和战略性意义。

"公园城市"理念是在我国推进生态文明转型的大时代背景下关于城市建设的创造性论述,为我国践行新发展理念、破解城市发展难题、改善民生福祉提供了方向,在城市建设和生态文明建设上具有开创性的意义。公园城市的内涵丰富,不局限于"城市公园"的定义,而是从公共、生态、生活、生产四个层面着手,既从广义上论述城市治理观念和发展途径的转变,又强调城市生态基底的保护提升、城市生态空间的布局优化,突出生产生活生态空间相宜、自然经济社会人文相融,从多个维度满足市民对城市建设的多元需求,其发展与多层次的空间规划体系相结合,形成新时代城市建设的新模式。公园城市必须解决的重大理论问题,包括城市与自然的关系、个体与群体的社会关系、历史与未来的关系,通过把自然和人工环境结合起来,使自然环境具有持久性、空间连续性和优美生命形式,赋予城市建设新的任务与使命。

第二节 公园城市建设的更新改造路径

为推进已建城区的公园城市建设，在有机更新过程中以建设公园城市、提升城市能级、彰显城市魅力、完善综合治理为目标导向，紧抓以下四个重点，满足人民需求和提升人民感受，以公园城市建设引领城市更新。一是注重人本化更新导向，以公园城市建设实现高品质生活。围绕公园城市以人为本的理念，通过构建优质均衡的基本公共服务体系和市场导向的高品质生活供给体系，推动可进入、可参与的绿色公共空间与街道空间、慢行空间、公共服务设施交互融合，打造人城和谐相融的新型现代化城市。二是主动调适老城空心化，以产业转型升级助力高质量发展。加强片区综合开发、旧城更新改造，发展高品质高能级生活城区。以文化为主题、旅游为核心、商业为载体，通过文商旅融合发展模式，发展一批具有时尚性、体验性、智能性、复合性的产业业态，持续增强区域功能。三是构建文化展示体系，彰显城市魅力。通过梳理城市文化脉络与资源特色，整合分散的历史文化资源，构建文化展示体系和街巷游憩体系，强化文化保护与传承，塑造城市品牌，营造生活场景、消费场景，以文化聚合力带动城市发展，塑造城市特色风貌。四是空间更新与社区治理联动，以多元共治推动高效能治理。推进智慧城市建设和智慧社区改造，充分发挥社区治理的自组织优势，鼓励支持社区居民、企业、社会组织等多元主体共同参与社区更新改造，促进社区共商共建共享共治，实现高效能治理。

一 建设和谐相融的城市生态空间

统筹生产、生活、生态三大布局，以大尺度生态廊道区隔城市组群，以高标准生态绿道蓝网串联城市社区，针对已建城区改造难度大、限制多等特征，需结合城市更新，通过拆地建绿、留白增绿、拆墙透绿、多维增绿等手段，增加城市绿量、优化绿地体系布局结构、提升生态空间质量，推动城市空间与自然生态相融合。

依托城市的自然生态本底和历史文化条件，对应城市发展需求，建设由综合公园—专类公园—社区公园—游园等多种类型公园构成的城市公园体系。依托城市公园体系引领城市空间形态的优化和城市功能品质的提升，形成"公园+"的空间布局模式。在此基础上，营建具有城市特色的公园场景，将公园形态特征与城市各类功能空间有机融合，实现"城绿渗透、城园融合"的多样形态，将自然特征和游憩功能融合到各类城市功能空间中。

二 构建功能完善的城市公园体系

一是依托城市公园营造便捷舒适的绿色出行场景。对应居民出行需求，以绿道为基底衍生出全新绿色生活方式，结合工作、通学、游憩等出行频率高的街道，设置步行优先的绿道，倡导绿色出行、健康生活。强化"轨道+公交+慢行"三网融合绿色出行网络，强调绿色出行与公共交通的接驳，结合地铁站点TOD开发，打造舒适宜人的绿色换乘体验，全面提升公共交通占机动化出行比例与绿色交通出行比例。以一体化设计塑造安全、活力、绿色街道空间，体现"以人为本"路权分配理念，围绕街道内步行空间、骑行空间以及交通设施，进行街道一体化设计，打造简约健康的绿色出行方式。

二是结合城市公园优化公共服务设施供给。针对居民休闲娱乐需求和游憩行为特征，布局游憩设施。结合全域绿色生态资源，充分植入具有互动性、体验性、趣味性等特征的人本化设施与活动。营造生态旅游、休闲健身、生态体验等游憩场景，丰富公园城市市民的游憩体验。

推进"一刻钟便民生活圈"建设，构建更为完备的基本公共服务设施体系。同时，增强基础保障类公共服务设施和特色提升类公共服务设施供给，提高基本公共服务水平。实行全域统筹，布局博物馆、美术馆、音乐厅、剧院等重大区域型公共服务设施及功能性设施，提升全域城市核心功能和服务能级，让市民在家门口就能够享受到高品质、国际化的公共服务。推动建设全龄友好包容型社会，聚焦"一老一小"和特殊群体，把人文关怀渗透到城市"规建管运"各个环节，加快推动儿童友好型社区建设和公共空间适老适残化改造。

三是围绕城市公园建设绿色生活方式。探索绿色低碳发展的绿色建造模式和绿色生活方式。秉承科学绿化、绿色低碳、生态环保的建造理念，在精明增长空间利用方式下，利用小、多、散的城市剩余空间探索系列绿色建造方式，推进宜绿则绿、应绿尽绿，创造推动生态资源价值转化，引导绿色生活、绿色消费、绿色出行，探索绿色低碳、资源节约、环境友好的生产生活方式。

三 营造自然和人文历史共生的城市生活环境

构建幸福美好公园社区体系，梯次建设未来公园社区。聚焦幸福美好宜居生活，美化人居环境。通过旧城更新改造、老公园新活力改造、多维增绿等多层次多样化增绿手段，全面提升公共空间绿视率和居民绿化感知度，积极营造高品质宜居社区。塑造全域化特色产业景观，营建公园城市绿色空间界面，形成宜居美好生活的公园化人居环境。

同时，保护好城市历史文化。通过构建多元文化场景和特色文化载体，在城市历史传承与嬗变中留下历史文化的鲜明烙印，以美育人、以文化人。坚持在更新过程中保护历史文化遗存，延续传统建筑风貌，活化利用历史文化资源，彰显城市历史文化魅力。在尊重历史风貌特征的前提下，对历史文化资源进行合理修缮、改造和恢复，延续传统风貌。活化利用历史文化资源，将现代功能融入传统历史建筑，在保留历史建筑本体的基础上，对内部空间进行合理改造，匹配相应功能业态，激发街区活力。

四 培育绿色低碳的城市经济业态

通过有机更新植入新经济、新业态、新场景，培育新动能，促进产业转型，激发产业活力，提升城市能级。加快非核心功能疏解，释放区域空间潜力，引导功能合理布局。根据城市规划确定疏解区功能，疏解后鼓励将原用地用作符合城市功能提升导向的功能。结合区域产业发展目标以及产业发展现状，从土地利用强度、产业经济效益、规划符合性等维度识别低效用地，疏解腾退后打造以新型科研、科技服务功能为主的高品质科创空间。

强化功能混合，结合功能业态类型，针对不同用地类型进行优化引导。利用土地用途混合、建筑功能混合等措施，提高产业用地复合性，集约紧凑利用产业发展空间，优化片区产业建设量占总建设量比例，促进产业集约发展和产城融合。

利用区位优势及周边资源，对标服务人群，结合不同人群需求植入高端产业业态、社区商业形态，形成高品质多元场景。大力发展现代服务业，形成具有全球影响力的时尚消费高地。提升春盐、红牌楼、新南天地等老牌商圈功能，优化提升形态及业态，通过大力发展首店经济和特色小店经济，结合热门景点和公园推广夜间经济、假日经济，用好成都网红名片，营造个性化、体验化、智能化特色消费场景。

强化金融服务功能，打造西部金融服务核心示范区。振兴老城金融服务区，推动传统金融及文化金融、互联网金融、供应链金融等新兴金融发展。

提升科创和文创功能，建设国际化创新创意极核。围绕高校及其知识经济圈建设科技研发孵化基地，加快推进高品质科创空间发展，鼓励工程技术创新核心区、新经济创新示范区产业空间提质增效，推动建设科技研究和创新创业高地。

第三节 公园城市建设的拓展新建路径

公园城市概念的提出，让城市设计者们反思以往城市建设的失误，思考如何将"人与自然和谐共生"的思想融入城市建设中，寻找生态环境保护、经济可持续发展和民生和谐之间的平衡点。公园城市建设应转变以往的城市拓展建设思路，突破现有的绿化空间指标体系，强调绿色空间的系统性，将绿色空间作为基础性、前置性配置要素与城市建设空间在功能和用地等方面混合布局；强调以绿色空间为载体，统筹生态、功能、景观、业态、活动组织等多维要素共同营造城市氛围，提升城市的活力和吸引力。[①] 在公园城市建设标准和指标体系下，探索"公园+"功能融合的城市新形态，打造"人、城、境、业"和谐统一的美丽公园城市。

在规划理念上，公园城市全面落实新发展理念和总体国家安全观，引领城市发展方式、工作方式、经济组织方式、市民生活方式和社会治理方式变革。探索"公园+"营城路径，推动规划建设理念实现从"产—城—人"向"人—城—产"的发展逻辑转变，依托良好生态环境和公共服务，吸引人才聚集，吸引企业汇聚，进而带动产业繁荣，实现"人—城—产"和谐发展；从"城市中建公园"向"将全域整体建为一座大公园"转变，城市规划建设中体现公园化环境的生态、美学、文化、经济与形态等要求，将公园形态和城市空间有机融合；从"空间建造"向"场景营造"转变，围绕人的需求，从使用者角度积极建设多样场所，策划多种活动，增强空间归属感。

[①] 叶洁楠、章烨、王浩：《新时期人本视角下公园城市建设发展新模式探讨》，《中国园林》2021年第8期。

一 塑造自然与城市和谐相融的空间形态

构建人类活动与自然生态相和谐的生产、生活空间，打开城市全新的发展空间，是公园城市建设的首要点。从城市宏观总体布局，到城市分区规划，再到城市地块的微观设计，构建多层次公园城市绿色融合空间形态。首先，城市总体布局应顺应自然、基于自然、保护自然，保护流域的生态空间和功能，保护自然生态流域的各类生态要素，以减少对气候、资源、区域环境的影响，不改变原有流域的生态系统功能。利用自然生态屏障形成有利于改善区域的生态基底，建立城市生态廊道与自然生态系统的"共生链"，通过生态网络，将农田、林地、河流、山体、城市生态绿地彼此连结，创造多样性的生态环境。同时，通过生态规划设计，强化城市生态连廊网络化发展，扩大生态界面与城市界面的交叉，促进生态、生产、生活空间的融合。其次，城市分区规划要引入生态走廊，连接各个功能区，同时合理布局城市生态基础设施，促进生态网络的有效连接。最后，城市详细规划设计要延长城市地块与生态界面的长度，提供多元化的生态接触空间，减少人为活动对生态环境的破坏，在城市街区尺度上形成人与自然和谐共生的"生态单元"。[①]

"公园 +"引领城市融合发展。公园作为城市中重要的公共绿色开放空间，通过与大型公共服务设施、商务中心等布局在一起，促进和引领城市空间发展。公园城市的绿地发展建设不再是过去在建成区内填空建绿、见缝插绿的被动角色，而是城市规划中首先考虑的对象。改变过去只将城市用地中的边角地和不宜建设用地作为城市公园建设用地的做法，注重绿地对城市发展的带动作用，以公园绿地作为城市发展的核心。在国土空间规划体系的背景下，构建"公园 +"的

[①] 潘家华、姚凯主编：《公园城市发展报告（2021）：迈向碳中和的城市解决方案》，社会科学文献出版社 2021 年版，第 119 页。

绿色融合空间形态，应从生态保护需求出发，统筹生态绿地间的保护协调，注重绿道网络与公园系统的融合，形成以城乡绿道为串联公园体系的网络结构，注重对城市生态网络的修复与重建。强调对公共开放空间的综合性统筹，充分考虑使用者的游憩需要，将城市开发边界内的结构性绿地、特殊用途区内的大型生态斑块等纳入公园体系，扩展公园体系的服务层级和服务圈层。

二 营造绿色低碳的城市产业圈

产业是城市经济发展的重要基础和市民就业的重要依托，产业的绿色低碳化是体现公园城市"宜业性"的重要特征。

首先，依托公园城市的绿色融合空间形态，建立产业、基础设施及居住互为联动的弹性协同发展单元。产业布局的拓展是引发城市空间形态扩张的重要因素，建设公园城市可以城市短路径交通出行目标为指导，合理布局产业园区，促进城市整体功能的协同。优化城市土地、产业、基础设施等要素配置，建立各要素间功能互补与多维协同联动发展的模式。调整城市的产业结构，在关注生态环境保护的基础上，追求经济效益和生态效益的平衡和最大化。优化产业结构，提高融合"公园+"的第三产业比重，扶持节能减排技术和环保产业发展，发展公园城市循环经济，提升现有环保产业的生产效率。

其次，依托公园城市建设指标体系，实现公园城市绿色产业化，把城市的生态生产力、生态效益产品转化为现实生产力，发展以新经济为引领的绿色低碳产业。优化产业用能，推广清洁能源利用。通过实施"煤改气""煤改电"等建设举措以及"电能替代"和氢能应用示范工程，提升能源利用效率，积极向更小资源投入、更大要素产出、更多绿色特征的高质量发展模式转变。发展乡村旅游、养生养老、运动健康、电子商务等特色生态产业；发展森林培育、生物质能源、生物质材料、生物制药等环保经济、绿色经济、低碳经济，把生态优势转化为经济优势，变成区域新的支柱产业和脱贫致富重要收入来源。统筹保护与发展的矛盾,把"绿水青山"转化为"金山银山"。

最后,营造建立健全城市产业生态圈的环境。一方面,推动功能布局调整,营造公园城市产业生态圈硬件环境。推进城市空间优化布局、人口资源合理分布、公共产品有效供给、环境交通综合治理。另一方面,建立"政府统领、企业施治、市场驱动、公众参与"的全面参与模式,促进公园城市产业生态圈良好环境形成。

三 打造"公园+"幸福美好的人文社区

打造"公园+"人文社区,是公园城市规划理念实现从"产—城—人"向"人—城—产"的发展逻辑转变的具体表现和实践路径。"公园+"人文社区规划建设思路应实现由"社区中建公园"向"公园中建社区"转变、由"社区空间建造"向"社区场景营造"转变、由"标准化配套"向"精准化服务"转变、由"封闭式小区"向"开放式街区"转变、由"规范化管理"向"精细化治理"转变。公园社区是公园城市建设的基本空间单元,既继承融合"生态社区""可持续社区""低碳社区"等理论思想,又突出了在新发展理念引领下的创新发展。与传统社区相比,"公园+"人文社区承载了生态价值、美学价值、人文价值、经济价值、生活价值和社会价值。

打造"公园+"人文社区,首先应顺应自然,以功能复合为基本点。鼓励利用河流水系网络、连续绿化空间、景观道路沿线绿轴将社区外部自然景观、生态绿地等引入社区内部,推动实现与社区公园绿化空间的无界共生融合。以产城融合理念为导向,合理配置居住、产业、配套、消费、人文、生态等功能,鼓励社区多元功能融合、用地功能混合、灵活空间组合,积极构建更加融合的空间布局模式和功能组合模式,创新探索TOD综合开发方式等营城模式,打造功能复合的地域功能综合体。以社区绿道为轴,有机串联多层级、多类型的社区公园,并围绕公园绿地空间布局社区公共服务设施及社区中心,创新建构"公园+"空间布局模式,推动公园形态与社区空间的有机融合。打破社区僵硬的功能分割,创新利用公园绿化空间缝合与渗透社区功能空间,放大公园社区的景观效益,积极营造城绿交融的绿化景观。同时注重街坊、邻里空间、街道空间等精细化设计,全面推进拆围透绿、立体绿化、道路增绿以及增花添彩等方式,提升公共空间绿视率和居民绿化感知度。

坚持用美学观点审视社区空间营造,强化社区空间形态和风貌管控,实现有序性和多样性的统一,塑造具有独特美学价值的社区新意象。以人的获得感和幸福感为出发点,突出多种功能承载、多样化服务设施建设、满足多层次人群需求、多元化活动植入的空间场景营造,创新激发人的创造力和场所活力。充分挖掘社区文化特征,传承保护社区历史文脉,鼓励植入艺术创作、艺术展览等创意文化,创新聚合沉浸式、高端化的新兴文化,积极建设记录社区符号的文化设施载体,不断提高社区人情味与居民归属感。

满足市民对美好生活的向往,根据服务半径与使用频率,构建均等化、便捷化的15分钟基本公共服务圈,充分保障社区全民福祉。立足人的全生命周期,精准分析各层次人口特征,注重覆盖不同人群需求,因地制宜配置社区食堂、老年学校、学龄前儿童托管中心等品质提升类设施,全力营造特色化、品质化的生活服务场景。同时,以新零售、新业态、新模式为突破,推动社区传统商业改造升级,营造公园化、全龄化、全时化社区商业消费新场景,积极构建优质社区生活服务圈。

四 构筑共建共治共享的城市治理体系

建立共建共治共享的公园城市建设新格局。推动公园共建共治共享,需要以人民为中心推进源头治理,创新公园治理模式,畅通公众参与渠道;多方共商共建参与的建设项目,也将成为参与各方共谋互利发展的新途径。通过构建多元化投融资体系,大力发展绿色金融,探索整合涉农生态环境等政策资金，形成良性循环的公园城市建设机制，鼓励企业和市民通过各种方式参与园林绿化建设、管理，通过共建共管，以"好心"善治促进社会治理效能提升。例如，成都市在公园城市建设中制定了相应的政策机制，探索形成了"政府引导、企业参与、居民共商共建与共担共治"的建设机制，鼓励多元主体参与公园城市建设，让市民充分地参与到公园城市建设的全过程。

探索创新公园城市社区治理模式，推动公园共建共治共享。通过社区居委会或居民自治组织，共同商议拟定居民公约并监督执行，强化公众对公园乃至人居环境建设成果的巩固提升和监督评价。坚持开放发展理念，将公园作为城市社会治理和文化宣展的空间平台，强调和谐繁荣的城市社会空间营建。发挥公园的社会交往、社会融合功能，促进公园活动组织与服务运营，培育更丰富的社会文化活动。城市公园建设和改造前，应充分听取市民需求，满足不同社会群体的休闲需求，体现公益性、人民性，推动公园共建共治共享。推广公园化社区建设模式，加强社区共享绿地和社区花园建设，提高绿地综合使用效率，为居民各年龄人群休闲游憩、健身运动、互动交流提供美好生活空间，营造高品质生活。通过市民认养公园树木等活动，设立公园"市民园长""市民监督员"等职位，为市民提供走进公园、认知绿色、参与公园日常管理、积极建言献策的机会，实现共建共治共享。

以最广泛的公众参与，推动多元主体参与，实现治理模式从单向管理向双向互动转变、从单纯的政府监管向更加注重社会协同治理转变，加快构建共建共治共享体系的社会治理格局。坚持建设现代城市、实现现代治理的战略指向，全面增强以党建引领提升基层社会治理能力，全面搭建法治、友善、公益的合作共治平台，推动城市发展、社区治理、民主参与同频共振，积极实现社区发展与治理的良性互动、秩序与活力的动态平衡。鼓励将智慧融入社区的每个角落，搭建全方位实时感知社区运行的智能系统，创新构建数字化社区平台，积极营造智慧生活、智慧办公、智慧生产等集成的智慧服务场景，全面提升社区治安管理和智能管理水平。公园城市建设需要全民参与，要鼓励企业和市民通过各种方式"共谋、共建、共管、共评、共享"，提高公众参与性和公共服务效率。要积极推动市内公园的共建共治共享，促进美好环境与幸福生活共同缔造。普及推广绿色生活理念，强化公园的服务功能。公园联合周边社区开展绿色家庭、绿色学校、绿色社区建设，推广社区花园、阳台花园，促进园艺进社区、园艺进家庭等活动，开展文化、体育、科普等活动，营造整洁、文明、舒适、丰富的绿色社区生活，从而达到公园城市以自然、绿色、生态涵养城市治理的特点。

第四节 公园城市城乡融合发展的乡村表达

一 公园城市乡村表达的理论阐释

公园城市是在人类社会由工业文明向生态文明转型的大背景下提出的城市发展新范式。工业文明时代，城市在不断升级的技术和日益强大的资本力量推动下，规模膨胀，远离自然，导致了"大城市病"的蔓延。城市建设积累了大量的物质财富，然而人的生存质量却在下降，一味追求"更大、更多、更快"的城市发展模式引起了许多有远见的学者与规划者的反思，并在此基础上提出了"花园城市""低碳城市""森林城市"等解决方案。这些方案有针对性地解决了现代城市发展中的某些问题，但并未从根本上解决工业文明范式下城市发展的痼疾。公园城市是中国古老的"天人合一"哲学与新时代生态文明思想相结合的产物，为后工业时代城市发展提供了新的路径和前景。它强调尊重自然、顺应自然、基于自然，寻求解决方案，融入生态价值，强化融合发展，激活并放大内生发展动能，实现人与自然和谐共生、共存共荣。在公园城市模式下，城市与乡村不再二元对立，而是以"融合"发展为特征,城市是乡村的汇聚,乡村是城市的延展,城乡互通,融为一体,创造人类文明史上最和谐的城乡共存形态。

马克思、恩格斯从人类社会生产力和生产关系矛盾运动的视角揭示城乡社会发展的规律,认为城乡融合是城乡关系发展的高级形态。乡村与城市作为功能各异的社会系统,在漫长的人类发展历史中,既互相依赖,也互相竞争,城乡关系的演化贯穿了人类文明进化的全过程。马克思、恩格斯指出,城乡关系的演进大体可分为"城乡依存—城乡分离—城乡融合"三个主要阶段。[①] 在人类社会早期,生产力落后,乡村孕育了城市,城市依赖于乡村,城市与乡村"浑然一体",并没有多大的差距。在工业革命之后,机器大工业吸引劳动力、资本等各种生产要素和社会财富迅速聚集在城市,城市与乡村之间形成繁荣与衰败的鲜明对比。在城乡二元对立格局下,城市以其强大的资源优势和人口吸引力成为政治、经济和文化的中心,尤其是19世纪以来,世界范围内的"城市化浪潮",更是催生了大批新生超级大城市。城乡的分离与利益对立,不仅表现为城乡之间地域特征、产业形态与群体生存状态的差异,而且表现为城市统治农村、农村从属于城市的基本城乡格局。人口和产业分布不均衡造成大城市环境污染、交通拥堵等"城市病"与乡村地力耗竭、经济衰退等"乡村病"并存的社会病症。

马克思、恩格斯认为,随着生产力的不断发展,资本主义私有制导致城乡对立的状况已经越来越不适合工业和农业的发展,城乡融合也必将取代城乡的分离与对立。[②] 在社会生产力发展到一定高度之后,城市和乡村之间的对立逐渐消失,城乡关系走向融合,城乡成为"把城市和农村生活方式的优点结合起来,避免二者的片面性和缺点"的系统的社会综合体。芒福德也指出:"城与乡,不能截然分开;城与

[①] 徐宏潇:《城乡融合发展:理论依据、现实动因与实现条件》,《南京农业大学学报》(社会科学版)2020年第5期。

[②] 《马克思恩格斯文集》(第1卷),人民出版社2009年版,第689页。

乡，同等重要；城与乡，应该有机结合起来。"①

"融合"也是中国城乡关系发展历史阶段的必然要求。自新中国成立以来，中国城乡关系的变化也印证了从割裂走向融合的演变趋势。新中国成立之初的计划经济体制时期，由于受到户籍制度、农产品统购统销制度、人民公社制度的约束，微观主体难以自发地开展基于市场逻辑的经济活动，城市与乡村处于割裂状态。1978年改革开放之后，家庭联产承包责任制取代了人民公社制度，农产品统购统销逐步转向市场化流通体制，城乡户籍制度的就业管制功能不断放松，城乡微观主体之间的商品交易和要素流动蓬勃发展，这意味着城乡关系开始从割裂走向融合。改革开放以来，党和政府不断完善顶层设计，提出了统筹城乡发展、新农村建设、新型城镇化、城乡一体化等宏伟战略，推动中国城乡关系不断朝着和谐方向发展，城乡之间的交流互动更加密切。但迄今为止，中国城乡关系仍具有失衡特征，表现在产业布局、要素配置、公共产品分配、发展战略等各方面。在以经济增长为主导的战略导向下，城乡关系中其他维度的失衡并未引起足够的重视。新时代对城乡关系的重塑，不仅需要重视经济发展的平衡，更应通过制度的变革和创新，促进乡村振兴和农村现代化发展，最终实现城乡之间的经济融合、社会融合以及生态融合，实现高质量的城乡一体化发展。

二 公园城市范式的"乡村之根"

成都是公园城市的首提地。2018年2月，习近平总书记在视察天府新区时提出"公园城市"理念，要求"把生态价值考虑进去，打造新的增长极，建设内陆开放经济高地"②。正如最初的城市是由广袤富饶的乡村孕育出的，成都之所以能作为公园城市范式的起源地，也

---

① 刘易斯·芒福德：《城市发展史：起源、演变与前景》，上海三联书店2018年版。
② 《中共成都市委关于深入贯彻落实习近平总书记来川视察重要指示加快建设美丽宜居公园城市的决定》，《成都日报》2018年7月9日。

与这片土地上传承千年的农脉、文脉、绿脉不可分割。

古蜀国是中国农耕文化的发祥地之一，川西林盘则是农耕文明在这片土地上独具区域特色的发展产物，也是新时代"公园城市"理念的源头与雏形。从外观上来看，川西林盘呈现为如田间绿岛形态的农村聚落单元——农户三五成群的住宅被一片片绿林围裹，绿林外是成片耕地，水渠、小道交错纵横，贯穿起沿线的大小林盘。对于川西平原的农户而言，这是一个集生态、生产与生活于一体的良好居住环境：围宅而种的树林，为农家生产生活提供了木材、果蔬等必要的原材料和农副产品；耕地就在宅旁，出门耕作十分方便；门前沟渠、树荫自然调节了雨水积滞、酷暑炎热等不利自然环境，且给人带来赏心悦目的享受。川西林盘与公园城市的相似之处在于：首先，两者都充分地尊重自然规律，遵循保护生态环境的理念；其次，两者都是兼顾生态、生产和生活之间动态平衡的空间集聚形态；最后，两者构建的都是以绿色生态为导向的"人类—自然—社会"自循环体系。可以说，川西林盘是在自然朴素的生态文明与中国"天人合一"哲学基础上由劳动人民创造的"原生模型"，而公园城市则是这种原型在现代的探索，展示出成都城市与乡村发展延续性的历史画卷。

成都平原，沃野千里，自古就被誉为"天府之国"，具有良好的生态本底和自然环境优势。兴修于战国时期的都江堰工程不仅造就了川西林盘，也润养了川蜀文脉和千年绿脉。成都具有悠久、厚重的历史文化。无论是古蜀人治水所蕴含的"顺应自然、人与自然和谐共处"的哲学思想，还是"湖广填四川"过程中所形成的包容和谐的文化氛围，抑或是现代产业与人口集聚形成的创新文化、时尚文化，结合在一起塑造出独具魅力的城市文脉，成为公园城市所展示的生态文明发展范式的精神内核和载体。

追本溯源，公园城市不仅是一种城市发展的新模式，更是生态文明时代实现城乡融合、和谐发展的新范式。成都市作为首批全国统筹城乡综合配套改革试验区，在探索公园城市的"乡村表达"上走在全

第五章　公园城市的建设路径

国前列，其实践经验可总结为以下几点：

第一，加强生态保护修复，夯实乡村生态本底。良好的生态环境是乡村赖以发展的根本，也是实现生态价值转化的基础。近年来，成都市采取一系列的政策、措施对山水田林等生态要素进行保护与修复，相继启动了都江堰田园综合体、青城山生态文旅综合体、崇州天府国际慢城、大邑安仁古镇、龙泉山城市森林公园等多个重大生态项目，打造"茂林修竹、美田弥望"的大美乡村锦绣画卷。在此基础上，重构城乡生态空间，打造人与自然和谐发展的生命共同体。依托绿色廊道体系，串联起城市、郊区、乡野的绿地、公园、山、水、田、林等生态斑块，于廊道两侧建成大量连续成片的森林、河道、水系、湖泊、湿地等生态资源，形成城乡一体的系统生态空间。不仅可以发挥涵养水土、净化空气、维护生物多样性的功能，也提供了营造生态价值转化场景的载体，康体养生、休闲度假、现代农业、乡旅结合等多种业态在乡村地区的蓬勃发展，提升了村民生态、生产和生活效益。与此同时，成都市还大力加强农村污染防治，优化人居环境，促进村庄形态与自然环境相得益彰。一方面，实施"八大专项行动"，推动农村垃圾污水治理、厕所革命和村容村貌提升；另一方面，通过"整田、护林、理水、改院"，营造规模化的农田景观，维护原有自然植被风貌，构建四季分明的乡村田园图景，凸显了乡村生活的魅力和吸引力。

第二，促进城乡间要素流通，打造现代乡村经济体系。打通城乡要素双向流动的大通道是优化乡村资源要素配置、激发农村发展活力的内在要求。乡村振兴需要多元化的人才支撑，如何吸引人、留住人是关键命题。成都市积极探索新时代人才"下乡进村"的管理激励机制，坚持引进、培育并举，大力实施外出务工人员回乡创业工程、农村劳动力技能培训工程、农业职业经理人培训工程，积极引导规划、设计、建筑、文创、旅游、金融、营销、品牌等各类人才下乡入乡、创新创业。市政府制订出台了《关于推进青年人才有序流入的实施方案》、"蓉漂计划"等,引入乡村规划师、乡村工匠、新型农业职业经理人等急需人才。除此之外,成都市还从完善产权制度、要素市场化配置等方面着手进行改革试验,促进城乡要素自由流动。一是深化农村行政管理体制改革,积极推进小、散、弱的村镇资源整合,探索建立"功能区管委会+平台公司+运营公司"专班推进新机制;二是深化农村土地制度改革,建立健全土地要素城乡平等交换机制,加快释放农村土地制度改革的红利;三是健全投入保障制度,创新投融资机制,有效推动社会资本有序进入乡村,激发相关利益主体的发展热情。

产业是乡村发展的动力与引擎。现代乡村经济应以农业生产为基础,融入生态底色,建立与地方特色、新技术、新业态充分融合的乡村产业。成都市以现代农业园区建设为重点,深入实施现代特色农业产业"10+3"提升行动,以功能布局引导构建城乡融合新格局,以融合裂变加快孕育新兴业态,以体制机制创新推进要素供给改革,打造了中国天府农博园、郫都区乡村振兴博览园等多个"7+7"现代农业功能区。同时,大力推动乡村地区农商文旅体融合发展,探索"IP+产业"、场景体验等新的发展方式,营造生活场景和消费场景,初步形成了以产业生态化和生态产业化为主体的生态经济体系。

第三,党建引领,提升乡村综合治理水平。创新乡村治理模式是成都市推进落实乡村振兴的基石。成都市充分发挥党建引领乡村发展的体制优势,逐渐建立和完善以党支部为中心,村民委员会、乡村旅游合作社、土地股份合作社、社区发展促进会等社会组织多元参与的党群服务中心治理体系,充分保障了村民参与乡村治理与发展的权利,共同打造以党支部牵头、新老村民互助融合、社会组织参与协调的共商、共建、共治、共享的美丽新乡村。成都市坚持"党建统领、体制破题、发展治理、做活社区",创新构建"一核三治、共建共治共享"新型基层治理机制,加快建设高品质和谐宜居生活社区,全面夯实超大城市发展治理的底部支撑。一方面强化农村基层党建,加强党对农村集体经济发展的领导;另一方面强化乡村发展治理,推行"四议两公开一监督",规范自治组织运行机制。此外,全面提升农村公共服务和社会事业。鼓励社会力量提供个性化、高品质服务,加快构建政府主导、社会参与的农村公共服务供给机制,农村地区的办学条件、医疗卫生保障、养老服务、基础设施建设均持续改善。

第四,丰富与发展乡村文化,彰显乡村人文价值。在区域快速城镇化背景下,构建乡村文化体系、彰显乡村人文价值,既需要保留乡村特色传统文化,也需要注入更多发展活力,促使乡村文化新内涵、新形式的产生。成都市以乡村文化传承发展为血脉,大力弘扬古蜀农耕文明、传承天府文化,着力培育文明乡风、良好家风、淳朴民风,坚定农村文化自信,不断提高乡村社会文明程度。一是发挥广大村民的文化建设主体作用,激发乡土文化发展内生动力,在乡村地区建设了文化广场、农民学校、党群活动中心等文化传播场所,丰富村民生活的同时也能提高村民的技能水平。二是注重村民思想道德建设,促进社会主义核心价值观在乡村地区的贯彻和落实。通过组织开展系列活动,广泛营造农村地区尊德尚礼的良好氛围。三是积极探索农村文化供给新方式,通过文化与产业的创新结合,提升产业附加值,以引进文创项目、发展文创产业的方式,塑造具有文艺气息的乡村新面貌,让传统文化走进现代乡村建设。

三 公园城市"乡村表达"的实现路径

公园城市理念指导下的乡村发展,旨在构建城乡协调的绿色生态发展空间及和谐繁荣的社会文化空间,彰显乡村特色文化和景观风貌,建设公园化的美丽乡村的同时,发展乡村特色产业,带动农村产业升级和农民增收,实现人与自然和谐共生的"乡村版"生态文明发展模式。针对目前城乡融合中存在的生态价值转化形式单一、产业结构现代性不足、集体性经济未能产生区域联动效应、文化建设水平差异明显等制约乡村可持续发展和公园城市理念表达的问题，应从以下几个方面着手。

第一，完善乡村生态价值转化机制。首先，要强化生态本底，统筹利用自然资源、财税、金融等政策，吸引各类社会资本参与，加强乡村生态环境系统整治修复和配套设施建设。其次，要摸清乡村自然资源的"家底"，明确乡村原生态产品归属，建立乡村生态产品价值核算应用体系，以确权、核算及保护为导向，夯实乡村原生态产品价值转化的基础。最后，要选准乡村生态产品价值转化的重点方向。例如，提升森林资源开发水平，发展森林康养旅游业；大力发展乡村"水经济"，将水流域治理与产业发展、全域旅游、水文化传承结合起来，鼓励水资源丰富区县打造个性鲜明的区域品牌，促进生态产品价值溢价。

第二，对乡村空间形态进行美学塑造。在公园城市建设背景下，农业景观需要以美学视角，把艺术与大自然结合，以大地为载体，创造多维度的视觉化艺术形式，打造天府农耕文化的田园画卷。可以以乡村绿道和川西林盘建设为抓手，实现全域景观化。作为彰显乡村美学价值的生态脉络，绿道发挥着重要的串联功能，可以连点成线，连线成网，织就一张生意盎然的生态绿网，将散落分布的农业园区、景区、郊野公园打造成引人入胜的景区系统，进一步提升其生态服务价值。同时，在乡村绿道体系的重要节点上建设公交枢纽、车站、驿站等交通设施，形成网格状的绿道交通体系，作为高快速路、城市道路、乡村道路之外的特色交通补充，强化城乡联系，使乡村的生态服务功能更加便捷易达。川西林盘不仅具有美学价值、文化价值和生态价值，还具有丰富的场景创造潜力，可以与现代农业、旅游业、文创产业等多种产业进行嫁接，打造多样化的经济价值。为进一步加强林盘的现代适应性和可持续发展，在遵循传统川西林盘的空间布局基础上，拓展林盘经济，提升林盘产业功能，修复既有生态环境，保护修复并再造林盘建筑形态，完善配套设施，建设具有"宜居、宜业、宜游"特点的现代林盘院落，打造彰显特色的天府新林盘。

第三，强化乡村新兴文化业态载体支撑。以"人"为本的公园城市建设理念意味着乡村的发展不仅仅是物质上的脱贫致富、生活条件改善，还是更加注重美好精神世界的建设。通过构建多元文化场景和特色文化载体，提升当地居民的内在凝聚力、人文自豪感和荣誉感，提升认同感和归属感是公园城市乡村表达的应有之义。通过打造乡村文化品牌，保存和发扬当地的文化资源，彰显文化资源所带来的历史价值和社会价值，是建设"产业兴旺、生态宜居、乡风文明、治理有效、生活富裕"乡村的精神内核。成都乡村建设离不开传承巴蜀文明，发展天府文化。以林盘、中心社区、镇为发展乡村新文化业态的载体，围绕遗址、古镇、特色产业基地、自然风景地等核心吸引物，形成多元的乡村文化场景，打造全域文化休闲景区。

第四，打造乡村地区多元生活场景。进入新时代后，我国社会主要矛盾已经转化为人民日益增长的美好生活需要和不平衡、不充分的发展之间的矛盾。原有的以行政区划为边界，标准化配置公共服务设施的做法难以应对城乡居民日趋多元的需求和对美好生活的向往。要统筹优化公共服务供给，需打破城乡藩篱，以城乡融合发展单元为单位，结合其主导产业特征和人群需求，塑造参与度高、互动性强的交往、消费、游憩等多元生活场景。如打造友爱邻里场景，建设新型农民互助中心、少儿托管中心、养老服务站点；引入丰富文化体验场景，设置智慧小站、艺术展厅、乡愁纪念馆等文化设施；塑造全时全景休闲娱乐场景，培育创意集市、音乐酒吧等商业服务设施等。

第五节　公园城市区域协同建设的显性表达

进入新时代，面临新的发展机遇，中国的社会主要矛盾已经转化为人民日益增长的美好生活需求和不平衡不充分的发展之间的矛盾。

城市发展模式亟须实现转型,从"增长竞争驱动型"加速向"美好生活驱动型"转变,人民群众将更加注重城市品质的提升、经济转型升级、民生保障改善、生态环境改善和治理能力增强等多维目标的统筹。

一 公园城市区域协同建设的理论分析

区域协同的公园城市建设是实现"人、城、境、业"之间高质量、和谐、统一发展,全方位推动城市发展动力、空间形态以及治理方式的变革。当前,关于公园城市建设更多地侧重于城市空间布局的优化,但是缺乏对于多维度发展目标的统筹,区域协同层面的公园城市建设更是匮乏。公园城市区域协同建设的显性表达集成了结构、功能与形态多维度融合,如图5-1所示。结构融合主要涉及城市空间机理与自然系统之间的有序融合,是实现区域自然与城市之间连接的重要前提;功能融合主要阐释城市本体所能够带来的便捷功能,如人在城市之中居住所需要的便捷的生活条件、美好的生态环境等城市功能;形态融合则关注自然空间与城市空间之间的螺旋式嵌入,是生态、生产、生活环境的有序耦合。

公园城市区域协同建设的内核是使自然系统在城市发展中发挥重要作用。在中国式现代化发展的背景下,自然系统中的生态价值实现是城市发展的核心驱动力、生命力乃至吸引力,正是由于城市的发展具备了公园的要素特征,才能真正地实现区域的可持续发展。公园城市区域系统包含多个模块和系统,具体来看,包括区域公园系统、城市公园系统、公园综合体系统和生态廊道系统。此外,公园综合体的体现形态多样,以多尺度、多格局、多类型融合在自然生态系统之中,与自然生态系统中山水林田湖草沙有机地结合起来,共同组成支撑城市健康发展的生态系统。城市空间中的城郊环境与城区环境在公园城市的框架下边界逐渐模糊,成为融合开放、无边无界的空间网络体系。经过自然系统与城市空间系统之间的高质量耦合,实现了形态

第五章 公园城市的建设路径

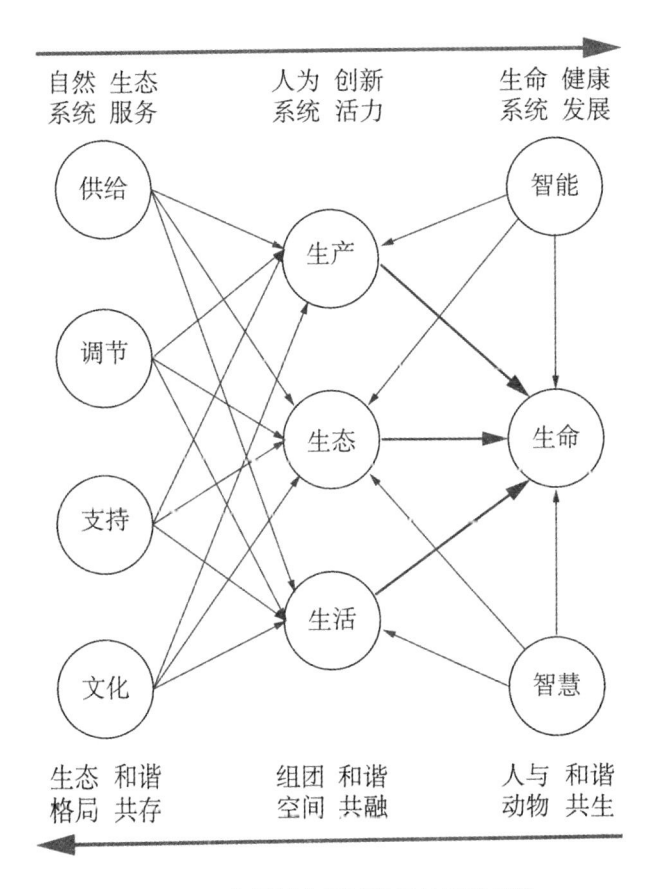

图5-1 公园城市区域协同的显性表达

以及内涵层面上城市发展的跃迁。在形态上，实现了从单纯的公园绿地向全域融合的飞跃，真正实现了"城在园中"的美景画面；在内涵上，从栅栏围墙到公共绿地的飞跃，从城市发展的装饰品，到生产—生活—生态融合共生的画面，实现了物质与精神的一致，满足了人民对于美好生活的向往。

二 公园城市区域协同建设的定制方案

全面建成小康社会的目标实现后，人们在对美好生活的向往中更加追求生态宜居，这就给城市建设提出了一个如何营造高品质绿色空间的课题。即以生态视野在城市构建高品质绿色空间，将"城市中的公园"升级为"公园中的城市"，切实"把生态价值考虑进去"，让公园城市成为花园、乐园和美好家园。构筑蓝绿网状交织的公园体系，要不断夯实青山、绿道、蓝网生态基底，利用河流以及城市的各种支撑资源要素，将机耕道、城市支路纳入天府绿道建设体系中，对生态、旅游、文化等资源进行有序整合，构筑交融山水、链接城乡、覆盖全域的生态"绿脉"。

定制公园城市"灵魂"滋养载体。公园城市建设中的公园与一般的公园不同，要更加注重满足市民的多元需要，在整体谋划上，将生态优先发展理念贯穿始终，这不仅仅将使得城市更加宜居宜业，更会实现城市的治理与服务体系的个性化、智能化、精细化升级。在实现生态美的同时，也会让公园中的服务场景日益多元化。

定制公园城市"福祉"增进方案。纵观城市发展历史，曾经因为城市土地资源有限，寸土寸金，一些城市在发展过程中逐渐形成高密度化的"钢筋混凝土森林"，城市绿化多以花圃、公园等点和面的形式分散存在，难以从整体上提升改善生活环境，居民也无从感受绿色的脉动。成都将"城市中的公园"升级为"公园中的城市"并非偶然，也非权宜之计，是绿色发展理念更生动地观照现实生活的体现，反映出城市规划和发展理念的转变和提升，是对人民日益增长的生态环境需求的生动回应。

定制公园城市"智能"解决系统。面向未来，公园城市建设要突出高效能治理功能，广泛应用5G和大数据技术，推动智慧停车、智能导引和智能安防，不断提升城市智慧化治理和应急能力，在社会治理上努力实现共建共治共享，努力实现公共空间和城市环境的耦合、休闲体验和审美感知的协调，使公园城市成为城市可持续发展的样板。以《成都建设践行新发展理念的公园城市示范区总体方案》为纲逐步落实，在中心城区主要注重"口袋公园"建设，注重将零星的、闲置的未利用土地利用起来，形成小游园、微绿地等，不断增加城市建成区绿化面积，拓展公园绿化活动场所覆盖半径，依托公园城市的建设打造未来公园社区，形成宜居宜业的美好生活场景，提升居民生活福祉；在城市新区与城郊区域，通过完善城市空间布局，调整优化生产—生活—生态之间的空间格局，实现城市内部生态环境与外部自然资源的交互，通过共享共建共治，引导更多的社会服务组织进入周边，打造"公园+"空间布局。

三 公园城市区域协同建设的实现路径

（一）都市圈和城市群：强化协同合作机制

都市圈和城市群内部均有多个城市，故而相较于单个城市的公园城市建设，在推进都市圈和城市群公园城市建设过程中，需要持续寻求创新突破，强化区域间协同共建的合作机制。

一是在生态、生活、生产和区域治理四大板块分别构建区域性协同合作机制。推动跨区域的空间规划与布局，以生态文明思想为指导，践行生态和谐观念，在充分尊重区域内各片区生态本底的前提下，将自然生态系统与城市发展系统在区域间合理协调布局，构建人与自然和谐共生的"三生"空间，推动区域生态系统协同共治共保。协同探索生态价值转化路径，统筹协调推进区域内产业结构的持续优化，推动绿色低碳产业在区域内的合理布局，促进产业生态化与生态产业化协同演进。

二是探索区域内经济区与行政区适度分离改革。加快转变政府职能，不断提高区域内各级政府的现代化治理水平。协同共商、清晰界定政府与市场之间的行为边界，致力于减少区域内政府对市场资源配置和企业等微观主体的直接干预。在区域内尝试突破现行按照行政级别配置资源的制度，探索区域间资源利益的动态调节机制。协同梳理、简并、完善相关法律基础，构建区域内统一、科学、合理的考核机制，强化各个领域的政策支持力度，鼓励都市圈和城市群内城市参与跨行政区协同发展的积极性，提升跨行政区协同发展的有效性。

三是在都市圈和城市群内部积极贯彻国家关于构建全国统一大市场的战略。在都市圈或城市群范围内，协同系统梳理现行法律、政策、规定，一方面对相关法律基础进行简并和统一，协同立法立策；另一方面尽可能清理去除妨碍依法平等准入和退出的规定做法、各类含有市场分割或地方保护的附加条款等，促进区域内"市场基础制度规则统一"，加强一体化政策制度的建设。强化区域协同监督和协同执法。构建服务型政府，总体提升区域营商环境，共同推进区域市场一体化，激发市场活力和创新动力。

（二）都市圈：强化核心城市的辐射带动作用

都市圈往往以一个具有强辐射带动能力的城市为核心。都市圈的公园城市建设，应当强化都市圈中核心城市对都市圈的集聚、辐射、带动、溢出效应，通过都市圈内核心城市先行开展公园城市建设实践，加强区域合作，减少行政壁垒，打破市场分割，以生态文明思想引领生态、生活、生活空间以及城市治理的持续改善，探索公园城市建设经验。通过核心城市的辐射带动功能，推动都市圈产业向绿色低碳化、一体化、错位融合化发展，推动都市圈整体协同共建。同时，将核心城市的公园城市建设经验向都市圈内其他城市和区域进行复制、推广，推动都市圈内其他区域"三生"空间打造、绿色生活方式营造、绿色产业体系构建以及生态价值转化，以点带面地将公园城市发展范式从单个城市向整个都市圈扩展。此外，应充分利用都市圈已经形成或日趋加强的立体交通网络和社会经济联系，发挥都市圈现代化建设与公园城市建设的协同效应，双向发力，共同促进。

（三）城市群：强化跨省域协调机制

与都市圈不同，城市群往往包含了都市圈，也常常至少有两个具有强辐射带动作用的核心城市，而这些核心城市或区域内其他城市可能分属于不同行政省域，这使得城市群较都市圈更需要设置跨省域的工作协调机制。可借鉴国外主要城市群的协同治理机制，如日本主要采取以核心城市东京为主导的协同治理模式，美国采取城市协调会、政府协议会等特设机构模式，法国通过颁布相关法律推动市镇联合体协同治理模式，英国则兴建更高层次的行政协调机构进行一体化协同治理。[①] 也可结合我国国情特色，建立包含决策、协调、运行等在内多级多层次的跨省域协同协调治理机制。通过强化城市群内部跨省域协同机制，促进区域内公园城市发展范式的探索与实践。

---

① 张学良、陆铭、唐英丽：《空间的聚集：中国的城市群与都市圈发展》，格致出版社 2020 年版，第 106 页。

第六章　迈向生态—社会双向多元善治的公园城市治理新模式

公园城市是人类城市形态经历农耕社会、工业社会、后工业社会发展到生态文明时代的产物，公园城市治理将超越农耕社会的统治、工业社会的管理、后工业社会的治理逐步过渡到生态—社会双向多元善治新模式。历史上，人类城市发展的范式性变化出现在工业革命之后，由于工业化大幅提升生产力，市场化、城市化进入高速发展阶段。城市数量增加，规模不断扩大，特大城市林立，城市系统的复杂性不断提升，高复杂度的城市系统与现有治理模式的矛盾加剧，出现了"大城市病"、城乡分离、环境危机、市民异化等一系列问题。后工业时代作为过渡性的历史阶段，其间虽然提出治理、善治等理论框架，但并未实际解决城市治理中的根本问题。历史呼唤新的治理模式，基于新时代发展理念和技术支撑，系统地反思与解决工业城市，特别是特大型城市发展的问题。公园城市的治理承载了践行"绿水青山就是金山银山"理念，建设人民宜居宜业的城市，实现城市治理现代化，创新超大特大城市转型路径的责任，是对城市治理历史的超越，是对公园城市内涵的体现，是着眼于人民福祉实现生态文明的巨大贡献。

第六章 迈向生态—社会双向多元善治的公园城市治理新模式

第一节 治理的历史与超越

一 农耕文明与工业文明的治理模式：统治与管理

人类城市治理经历了由农耕社会的统治到工业社会的管理，再到后工业社会的治理的历史过程。农耕社会以王朝统治为治理模式，权力完全掌握在领主（贵族）或皇帝（君主）手中，由领主或皇帝及其王室成员、派出机构和人员组成的"统治型政府"，尚不具备现代政府所拥有的职能体系，所从事的行政管理活动，充其量属于一种"类行政"行为。统治型政府承担维护等级秩序和统治阶级利益的职能，可以统称为统治职能。农耕社会的城市治理形式单一，其原因在于：一方面，农耕社会本身具有简单性和确定性特征，统治型政府只要通过权力的运用就可以完全实现对等级秩序的维系；另一方面，农耕时代的王朝统治目标单一。随着社会复杂性逐渐增强，尤其是市场经济和资本主义的发展，民族国家和管理型政府的诞生，农耕社会的王朝治理模式受到了挑战，统治职能逐渐发生了具体性的分化——离析出专业化的行政管理、社会管理等职能。[①]

当历史的车轮进入18世纪，工业革命以不可阻挡之势开启了人类迈向工业社会的征程，引发了人类城市治理模式范式性的革新。工业革命极大地解放了生产力，随之而来的工业化伴随着市场化、城市化同时发生。相较于传统的农业社会而言，工业社会的来临预示着社会的基本属性开始由"简单性和确定性"向"复杂性和不确定性"演变，政治、经济、社会、文化等系统逐渐独立，国家治理与社会治理分离。图6—1描述了现代工业社会制度体系的

---

① 郑家昊：《论政府类型从"统治"到"管理"的转变》，《天津行政学院学报》2013年第5期。

分离进程。

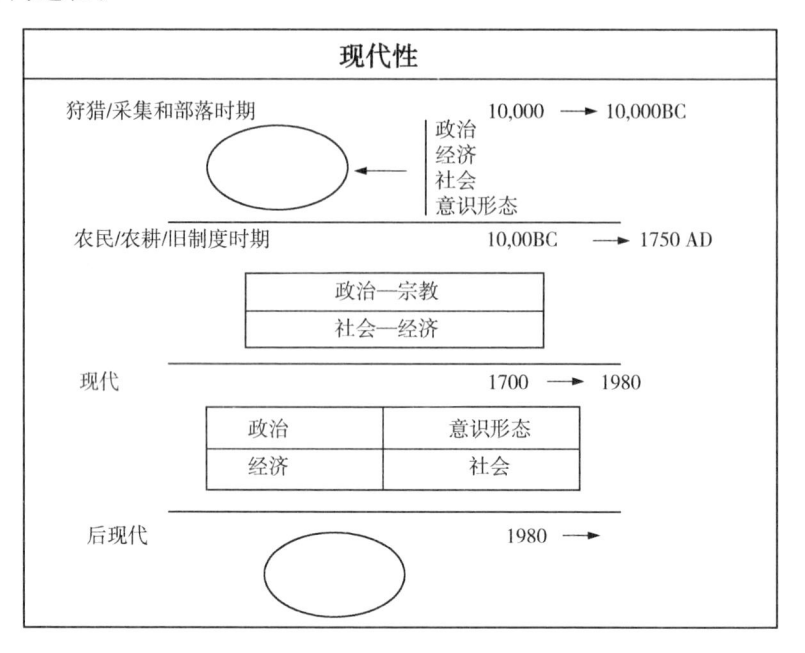

图6-1 现代工业社会制度体系的分离①

通过工业革命，欧洲国家率先走上工业化、市场化、城市化的道路，又通过在意识形态领域发起启蒙运动提出了自由与平等权利要求，促成了统治型政府向管理型政府的转型。发端于企业管理中的标准化、科学化的技术被韦伯等运用到政府管理中，最终形成了一套相对完备的官僚制体系——管理型政府的行政运行体制。社会管理职能从政治统治职能中分化出来并逐渐取得核心职能的地位，政治统治职能仅仅成为维护社会管理职能的一个必要条件。在追逐资本主义市场经济的利益最大化的工业化城市治理逻辑面前，生态环境、社会文化、人民权益都是服务于经济发展的次级系统。市场不受制约导致经济危机、市场失灵，国家无法协调多元主体的利益导致政治危机、国

---

① ［英］艾伦·麦克法兰：《给四月的信》，马啸译，生活·读书·新知三联书店2015年版。

第六章　迈向生态—社会双向多元善治的公园城市治理新模式

家失灵，城市规模超越生态容量导致生态风险激增，城市治理复杂程度指数级跃升，治理模式革新迫在眉睫。

二　后工业文明的治理模式：治理与善治

在工业社会资源的配置中，由于城市规模增大、复杂度提升，市场失灵与国家失灵屡见不鲜。进入后工业时代，基于对工业文明的反思，为弥补国家和市场在调控和协调过程中的不足，治理理论登上历史舞台。其创始人之一罗西瑙在代表作《没有政府统治的治理》和《21世纪的治理》等文章中将治理（governance）定义为一系列活动领域里的管理机制。虽未得到正式授权，治理却能有效发挥作用。与统治（government）不同，治理指的是一种由共同的目标支持的活动，这些管理活动的主体未必是政府，也无须依靠国家的强制力量来实现。全球治理委员会1995年发布了《我们的全球伙伴关系》报告，对治理作出了如下界定：治理是各种公共机构或私人机构管理其共同事务的诸多方式的总和。它是使相互冲突或不同的利益得以调和并且采取联合行动的持续的过程。这既包括迫使人们服从的正式制度和规则，也包括各种人们同意或以为符合其利益的非正式的制度安排。它有四个特征：治理不是一整套规则，也不是一种活动，而是一个过程；治理过程的基础不是控制，而是协调；治理既涉及公共部门，也包括私人部门；治理不是一种正式的制度，而是持续的互动。[①]

统治或管理的权威是政府，权力运行方向总是自上而下的。它运用政府的政治权威，通过发号施令、制定政策和实施政策，对社会公共事务实行单一向度的管理。治理则是一个上下互动的管理过程，它主要通过合作、协商、伙伴关系、确立认同和共同的目标等方式实施对公共事务的管理。治理的实质在于建立在市场原则、公共利益和认

---

① 俞可平：《治理和善治引论》，《马克思主义与现实》1999年第5期。

同之上的合作。它所拥有的管理机制主要不是依靠政府的权威，而是合作网络的权威。

治理可以弥补国家和市场在调控和协调过程的不足，但治理不是万能的，它也内在地存在着许多局限，其分散性、非强制性有时可能导致治理失效。为了使治理更加有效，"善治"理论被提出。善治的本质特征就在于它是政府与公民对公共生活的合作管理，是国家的权力向社会的回归，善治是实现公共利益最大化的社会管理过程。

治理与善治体现了后工业时代人类对于以往自上而下的权力制度的反思，但其立足点仍旧是以人类为中心的，是在人类社会范畴内兼顾多元主体利益的周到安排。换言之，后工业时代的治理模式只能有限解决社会内部各主体之间的问题，而无法解决人与自然、生态与社会之间的矛盾，特别在应对气候变化、环境破坏、生态容量透支等全球性危机时，显得捉襟见肘。当步入新的时代，我们的治理模式呼唤范式性的革新。

三 生态文明的治理模式：生态—社会双向多元善治

三百年的工业文明史是人类以技术手段不断征服自然、改造自然的历史。愈演愈烈的全球性生态危机表明，地球再也无力承载工业文明的无底线的攫取和扩张，必须开创一种新的文明形态来保卫与延续人类赖以生存的自然环境。"生态文明"的发展理念应运而生，并进一步提升为中国的国家战略。

生态文明与工业文明具有范式性差异：①两者主体不同。生态文明有人与自然两个平等的主体；而工业文明的主体唯有人类，自然被视为人类改造的对象，丧失了应有的主体地位。②两者价值取向不同。工业文明奉行"人类中心主义"的价值取向，通过征服、改造、利用自然来创造文明成果，以生产力发展和物质财富积累为目标，这一发展目标已经把人类文明引向困境。而生态文明追求

第六章 迈向生态—社会双向多元善治的公园城市治理新模式

"人与自然和谐发展"的价值取向，承认自然与人类是两个平等的主体，发展的目标是人与自然共同发展、和谐发展，是整体的世界观。[①]

因此，在治理模式上，生态文明时代的治理也必将超越工业时代与后工业时代，实现人与自然两个主体感知交互、和谐共荣的新治理模式。从治理主体上，新治理模式将改变工业社会将自然环境对象化、客体化的倾向，以及为实现经济社会的发展不惜以损害环境为代价的模式，而回归农业社会尊重自然、适应自然的逻辑，并进一步通过新的治理技术和治理手段的应用，赋予生态环境治理主体地位，提高社会交互治理的能力。从治理方式上，新模式将选取经过实践验证和领先时代的治理手段，提高治理方式的可及性，提升治理效率，实现管治、自治、多元主体共治的协同联动。从治理目标上，新治理模式将转变农耕社会实现统治阶级利益、工业社会追逐市场收益最大化的目标，而明确提出以人民为核心，福祉归于人民的理念，使人人公平地享有生态营造和社会发展的收益。不同社会城市治理方式的比较如表6-1所示。

表6-1　　　　不同社会城市治理方式的比较

社会形态	治理模式	治理主体	治理方式	治理目标
农耕社会	统治	朝廷	自上而下	维护王朝统治
工业社会	管理	政府	自上而下	市场收益最大化
后工业社会	治理/善治	多元主体	社会协同合作	公共社会利益最大化
生态文明社会	生态—社会双向多元善治	生态系统、多元社会主体	管治、自治、多元共治	人人公平地享有生态和发展的权益和福祉

---

① 邓玲：《生态文明是后工业文明吗》，《解放日报》2016年1月12日。

第二节 公园城市治理模式的内涵

公园城市是在生态文明的推进过程中,基于中国城市发展的实际,首次针对生态文明的城市形态提出的理论原型(prototype)。公园城市的范式具有"公""园""城""市"四重内涵:首先,体现在"公"的开放性、共享性、可达性,即突破了农耕文明的深沟高墙,突破了计划经济的城乡藩篱,超越了工业文明"建成区"的技术范式,打破了"画地为牢"的行政割裂,实现经济交融、市场共荣、生态可达、资源共享、城乡一体、人与自然和谐共生。其次,在于"园"的多样性、包容性、系统性,公园、种植园、产业园多园融合、系统一体。再次,在于"城"的便捷性、舒适性、宜业性,以人为中心、服务于人,体面就业,机会均等。最后,在于"市"的活力、效率与创意。"公""园""城""市"四位一体,融合共生。[1]

公园城市的治理,一方面体现生态文明时代城市治理的先进属性,另一方面需与"公""园""城""市"的内涵高度契合。相应地,公园城市呈现以下四方面特征,具有丰富的内涵,如图6-2所示。

一 多元:人人有责、人人尽责、人人享有

公园城市治理由人人有责、人人尽责、人人享有的多元治理共同体推动实现,体现了公园城市的人民性、普惠性。人人有责是指公园城市治理由政府、企业、社会、个人多元主体共同参与,政府在政策制定和执行过程中遵循市场规律,尊重群众意愿;人人尽责是指公园城市治理方式是通过多元主体协同联动,采用自治、法治、共治等多

---

[1] 潘家华、陈蛇:《公园城市发展报告(2020)》,社会科学文献出版社2021年版。

第六章　迈向生态—社会双向多元善治的公园城市治理新模式

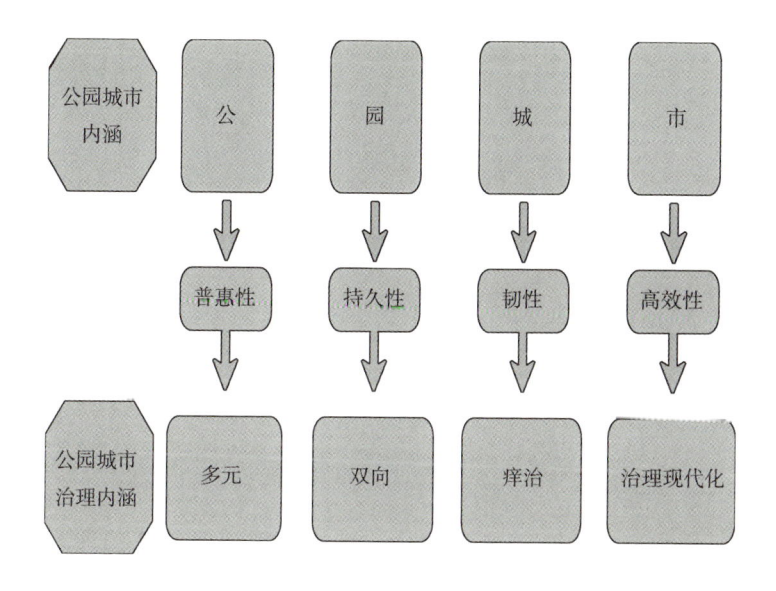

图 6-2　公园城市治理内涵

种形式来共同完成的，充分尊重每个市民对公园城市发展决策的知情权、参与权、监督权，激励市民参与治理的积极性；人人享有是指公园城市治理的权益与福祉归于人民，使人民实实在在地享有公平利用公共服务、平等享受美好城市生态环境的获得感、幸福感和安全感。

二　双向：生态与社会两种主体可感知、可交互、和谐共荣

公园城市是超越农耕文明与工业文明、契合于生态文明的城市发展新范式，其治理模式必然超越农业文明和工业文明的统治和管理，也区别于后工业文明时期只注重社会维度的单向治理，而演化为体现生态—社会双向互动的多元善治新模式。一方面，公园城市治理是以自然为纲的绿色治理，强调以生态容量约束社会发展，以公园生境的生态服务价值赋能城市社会发展的客观性；另一方面，公园城市治理还应以人为本，强调城市社会发展适应生态规律、营造公园生境的能动性。

151

三 善治：多元主体自治与协同共治

公园城市是历史发展到生态文明时代的产物，公园城市的治理是对于传统城市治理范式的革新，要采用新时代的治理手段和治理元素重建体系、重塑流程、重组结构。其基本趋势是从分散走向集中，从部分走向整体，从破碎走向整合，集成各种治理场景，打破经济、社会、城市治理的边界，推动跨层级、跨地域、跨部门的协同管理，突破壁垒，再造流程，破解传统城市治理碎片化的难题，为超大城市的治理提供可行的示范性方案。

四 治理现代化：运用最先进技术手段实现新治理模式

一流的城市需要一流的治理，一流的治理需要一流的技术手段，一流的先进技术手段推动新的治理模式落地成真。公园城市的治理可以运用大数据、云计算、人工智能、区块链等现代化技术达成以往无法实现的治理模式：城市大脑中枢可以实时汇总城市有机体的体征信息；人与自然可以通过传感器与物联网构建的感知中台进行交互，实现生态与社会的双向感知；深入城市社会细胞肌理的智慧化治理网络，弥合城乡之间、部门之间和不同社会领域之间的信息级差，贯通市、区、街道、社区、小区等多层次场景，为多元主体参与城市社会治理提供便捷可及的渠道，实现社会善治。现代技术应用与创新完善是公园城市新治理模式革新的有力支撑。

第三节 公园城市的治理主体及其网络关系

公园城市的治理将符合公园城市内涵的绿色原则融入"良治社会"，在坚持政府引领的同时，将自治主体嵌入多元主体网络中，构建一个权责明确、协同联动、制衡互补、合力共治的城市治理网络体系。

第六章　迈向生态—社会双向多元善治的公园城市治理新模式

一　公园城市多元主体

（一）实行低碳、简政、高效、协同的政府主体

公园城市是一种创新型的城市发展模式，而政府是公园城市建设的引领者、管理者和参与者，因此需要政府加大力度创新职能，引领公园城市建设取得更加长远的发展。反之，若职能创新滞后则会制约政府公共品的供给效率，对公园城市建设产生反作用。因此，实行低碳、简政、高效、协同的政府主体是建设公园城市的重要保证。

第一，公园城市政府要从传统权力型政府转向服务型和创新型政府，完善引领公园城市建设的各项制度和政策法规，通过合理、明晰的政策发挥宏观调控职能。第二，简政放权，提高政府效率也是转变公园城市政府职能的重要任务。通过精简政府机构，实现提高政府行为的效率、降低整个社会的运行成本的目的。在追求高效率的同时，还要兼顾公平，处理好改革、发展、效率和稳定之间的关系，追求高效率的可持续性。第三，政府作为公园城市转型的引领者、管理者和参与者，需要统筹各部门职能协同推进公园城市建设，避免不同部门之间互相推诿、职能割裂的现象；此外，政府还需要搭建平等沟通的平台，为所有城市主体广泛参与提供保障，联合大家协同推进公园城市建设。

（二）实现生态价值与经济价值并举的市场主体

经济价值是生态价值的实现基础，也是城市赖以生存的基础，经济价值为生态价值的实现提供了物质条件。强调城市生态价值的重要地位，并不是要消极地对待城市自然环境，而是把握自然规律，建立循环、合理、持续的资源利用原则，积极能动地利用自然。公园城市建设过程中既要重视对生态环境的保护，也需要在保证环境效应的同时保证经济增长，实现生态价值和经济价值的共同发展。

公园城市的经济发展要求我们不仅要关注城市发展的经济效率，同时还要关注生产与生态的平衡，改变过去以破坏环境为代价的经济

发展方式，在生产过程中更加注重环境效益。已有研究已经证实了气候修正和污染修正对经济增长的正效应①，即环境修正能够在一定程度上提高产出增长率。但是如果过分依赖政府在绿色投资和发展中的作用，必然会导致生态建设投资需求与城市财政收入之间出现较大缺口，这也是部分公园城市建设过程正面临的首要难题。因此，要实现公园城市的协调发展，就必须处理好经济价值和生态价值之间的关系。

生态产品部分属于私人产品，具有明确的生产和消费对象，如生态农产品、工业品和服务业产品等，能够通过市场交易向企业和个人供给，实现市场价值。市场是推动这部分生态产品价值向经济价值转化的主体，在保证生态产品价值和可持续性的前提下，将生态产品与市场需求对接，以特色生态产品形式进入市场交易，能够有效实现生态资源的增值，充分发掘生态产品带来的经济红利，实现生态价值反哺生态建设。

（三）实践绿色生活、协商共治的社会主体

城市是围绕不同人群形成的多功能载体，因此公园城市除了关注生态环境、人与自然和谐之外，也需要考虑不同人群的就业、居住以及相关公共服务的空间。但城市功能持续拓展和占用空间不断扩张，对城市基层治理提出了重大挑战。"全能政府"的封闭式单向管理已经不能满足现实需求。因而，公园城市治理既要在新发展理念引领下，探索人民宜居宜业的城市建设路径，还要在治理过程中纳入绿色因素，探索城市现代化治理路径。

以激活多元社会治理为重点，构建实践绿色生活、协商共治的社会治理格局，在减少政府治理成本的同时，还能有效激发城市居民的主体意识，提升多方参与社会治理的能力。改变全能政府的治理理念，释放社会参与城市治理的空间，构建实践绿色生活、协商共治的公园城市治理格局能够更加有效和真实地反映并解决城市居民的诉求。

---

① ［美］威廉·诺德豪斯：《绿色经济学》，中信出版社2022年版。

第六章　迈向生态—社会双向多元善治的公园城市治理新模式

国内多个城市都在构建协商共治的社会治理格局上进行了积极的探索。其中成都市通过构建"党建引领、一核多元"的多元社区治理模式，整合基层、街道社区和社会组织等多方力量，开展楼宇自治、社区自治等治理方式，邀请专业人员开展低碳专业知识讲座，成立小区自治组织收集居民意见，完善15分钟生活圈建设，从塑造社区认同感、激发居民主体性、加强社区组织建设等多个维度促进多元主体参与城市治理。

二　多元主体协同共治的网络关系

以"公园城市"为引领，构建政府、社会团体、城市居民等多元主体协同共治的治理网络关系是多元、平等、协商、共赢推进公园城市建设善治良治的重要方式之一。城市是政府、社区、研究机构、非政府组织、城市居民等多元主体共同构成的生活场所，需要通过构建多主体协同共治的网络关系，使每个主体能够就共同关心的问题进行广泛交流和平等协商，使所有利益主体的权利都能够得到保障。[①]

传统社会管理模式下，政府是唯一的社会管理主体，广泛的社会组织和社会力量位于管理决策的边缘地带，政府难以有针对性地回应其他利益主体的诉求。此外，政府通过行政手段的管理方式也导致公共服务供给在兼顾公平和效率方面难以满足多元化的需求。

构建多元主体协同共治的网络关系（见图6-3），不只是加强政府部门和其他利益主体之间的沟通，同时也要在不同利益主体之间搭建沟通桥梁，保障不同主体之间的顺畅沟通。树立多元治理思维，构建社会多元主体协商治理的网络关系顺应了新时代城市发展趋势，有利于消除传统政府包揽管理导致的弊端，打通不同利益主体之间的沟通渠道，构建双向沟通机制，提高社会治理的活力。

[①] 王斌：《场景化治理：市域社会治理的创新与发展——重庆市沙坪坝区的实践样本》，《重庆行政》2021年第2期。

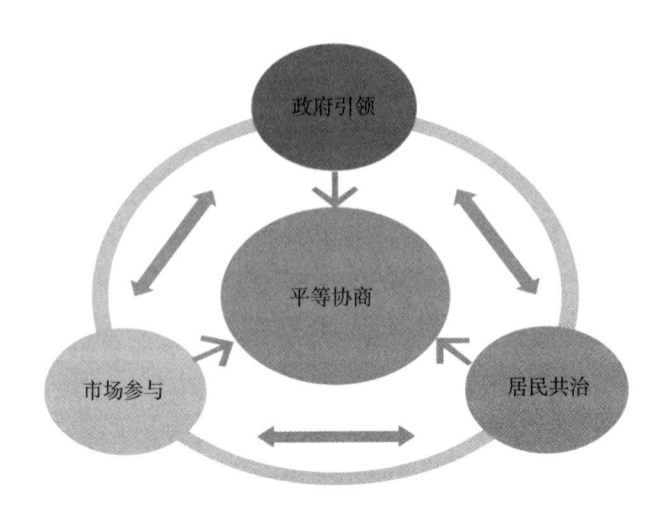

图6-3 多元主体协同共治的网络关系

第四节 公园城市的高效治理方式

一 公园城市以建立可持续的市场化资源配置机制为治理动力

（一）培育契合公园城市低碳发展的市场主体

市场是实现生态产品经济价值、提高城市繁荣度的重要场所。参与市场经济活动的主体主要分为个人和组织两大类，其中组织包括企业、政府及社会团地等。它们既是实现公园城市转型目标的关键力量，也是参与公园城市建设的重要主体。

政府是公园城市转型和建设的宏观调控者，不仅通过制定公园城市转型规划、法律法规等指导和干预公园城市转型进程，还通过政府购买、直接投资等方式直接参与经济活动。通过规范政府行为，主动进行低碳消费等经济行为能够产生外溢和示范作用，引领其他市场主体的低碳行为。

企业是市场经济的重要参与者和基本经济组织，同时也是低碳消

第六章 迈向生态—社会双向多元善治的公园城市治理新模式

费产品和服务的供给方。通过生产符合公园城市特色的生态产品，在实现生态产品经济价值的基础上，还能够对消费者的消费行为产生影响。

社会团体是由公民自愿组成、按章程开展活动的非营利性社会组织，其范围涵盖了各种行业团体、学术团体、联合性团体等，如各类环保组织、行业协会和消费者协会等。这类团体是市场消费的重要参与者，同时也是推动低碳消费的重要力量。

个人，即消费者，是低碳产品的需求者，也是重要的市场力量。通过对低碳消费理念、消费习惯和消费行为的宣传，帮助消费者树立低碳消费价值观，能够有效推动公园城市低碳发展。目前，以成都为代表的公园城市建设，正以公园城市示范和城市特色消费为基础，打造新的消费场景，通过发展TOD经济，打造一站式的消费场景，提高消费场景可接入性，帮助消费者选择更加低碳的消费方式。

（二）构建生态驱动的产业发展格局

构建生态驱动的产业发展格局是推动公园城市持续运转的关键。以实现碳中和为目标，以经济建设为中心，优化城市产业结构、强化产业的重要支撑作用，推动形成空间、交通、能源结构协同进步的工业城市格局，扫除大城市可持续发展阻碍，构建生态驱动的产业发展格局，形成与转型、生态协同发展的产业路径是公园城市建设的重中之重。中国积极应对气候变化，可再生能源产业得到了长足的发展，其中光伏生产占全球光伏产业比重超过70%。"双碳"目标的提出，为进一步打开可再生能源市场提供了强劲的动力，让生态成为承载高附加值产业的基础，以不同城市资源禀赋为依托，结合国家战略和未来用能发展趋势，布局新能源产业，从储能、清洁能源生产、清洁能源利用、科研资金利用等多个重要环节打通新能源产业链条。

以公园城市示范区成都为例，成都市人民政府办公厅专门印发了

《成都市优化能源结构促进城市绿色低碳发展行动方案》[①]（以下简称《成都行动方案》）和《成都市优化产业结构促进城市绿色低碳发展政策措施》[②]（以下简称《成都政策措施》），围绕公园城市转型背景下构建生态驱动的产业结构，提出了19项重点任务和12条政策措施。《成都行动方案》抓住碳中和背景下清洁能源产业发展的重要契机，聚焦光伏、动力电池、新能源汽车、氢能、储能等重点领域，提出到2025年绿色低碳优势产业规模达到3000亿元以上的目标。《成都政策措施》则围绕推动清洁能源产业发展的目标，出台了多条资金支持和保障措施，以生态驱动产业重塑，以及第一、第二、第三产业的资源复合循环发展，为公园城市生态价值的深层次利用提供保障，从而实现综合效益的最大化。在光伏、锂电等新能源装备制造和氢能、新能源汽车等产业的持续发力下，成都市2021年前三季度实现高技术制造业增加值增长19.9%，太阳能电池、新能源汽车产量分别增长20.3%和51.7%。[③]

（三）创新生态要素价格形成机制，探索公园城市生态价值转化途径

良好的自然生态系统蕴藏了丰富的生态资源，是公园城市持续发展的重要战略资源和核心竞争要素。构建人与自然和谐共处的生产、生活场景，充分挖掘生态动能、构建推动生态价值向经济价值转化的新路径是公园城市转型的重要方面，其核心命题是实现城市自然系统的价值转化。自然绿色空间的开放性、共享性是公园城市的共性特

[①] 成都市人民政府办公厅：《成都市人民政府办公厅关于印发成都市优化能源结构促进城市绿色低碳发展行动方案、成都市优化能源结构促进城市绿色低碳发展政策措施的通知》，http：//gk. chengdu. gov. cn/govInfo/detail. action？id = 139662&tn = 6。

[②] 成都市人民政府办公厅：《关于印发成都市优化产业结构促进城市绿色低碳发展行动方案、成都市优化产业结构促进城市绿色低碳发展政策措施的通知》，http：//www. cdht. gov. cn/cdht/c149031/2022 - 05/09/content_ 5c7be9b38a7e45649351871b54e0d61b. shtml。

[③] 成都市统计局、国家统计局成都调查队：《2021年成都市国民经济和社会发展统计公报》2022年3月25日。

第六章　迈向生态—社会双向多元善治的公园城市治理新模式

征，生态要素的价值转化需要满足不同人群的精神需求、物质需求和创新需求。在进行城市生态保护和建设的同时，关注生态价值的开发，探索公园城市生态价值的转化途径。不同的生态价值具有不同的载体，结合当地特色将生态资源转化为不同的生态产品，发挥不同的生态效益、社会效益和经济效益。通过开发特色生态产品价值和生态消费场景，使生态环境改善能够为地区经济发展注入新的动力，形成以生态建设为支撑的新产业和新业态，从而保证生态治理资金的流动性和可持续性，推动城市公园的可持续发展。

明晰生态资源的价值是生态价值转换的前提，可以通过生态系统生产总值核算，即 GEP 核算，计算生态系统为人类福祉和经济社会可持续发展提供的各种最终物质产品与服务（以下简称"生态产品"）价值的总和，为生态价值的转换提供基础和依据。2021 年 11 月，四川省成都市崇州市被列为四川省 GEP 核算试点区域，率先开展 GEP 核算工作，试点 GEP 核算研究。通过核算，2020 年崇州市 GDP 为 405.85 亿元，而 GEP 价值量为 749.73 亿元。[①] GEP 核算以科学的方式从生态系统的产品供给、调节服务和文化服务三方面进行价值总量估算，通过科学的统计方式对生态系统进行"明码标价"，将生态系统价值转换为实实在在的数字。GEP 核算是推动生态产品价值转换实现的必要前提。崇州市 GEP 核算试点为解决生态价值转换存在的"度量难"问题提供了良好经验，未来还需要进一步探索建立 GEP 与 GDP 双核算、双考核机制，推动 GEP 核算结果的全面应用和生态价值的有效转化。

（四）制定城市机会清单，放宽公园城市建设和运营准入限制

城市产业的发展与城市营商环境、生产生活息息相关。放宽城市建设和运营准入限制，实现平等准入，有利于市场要素的自由流动，推动形成高效规范、公平竞争的统一市场。但是，城市产业的发展依

---

① 崇州市统计局：《首份崇州市 GEP 核算报告出炉》，http//www.chongzhou.gov.cn/chongzhou/c139223/2022-06/08/content_6e9ecdae793d419d8791af1079923f1c.shtml。

赖于市场的发展和形成，并不完全受产业规划的影响，因此需要为城市发展制定机会清单，在公园城市发展框架下为产业和企业提供市场机会，以市场化的逻辑布局城市功能，保持生态与发展的相互协调。

通过建立城市机会清单，能够在放宽准入限制的基础上，推动有效市场和有为政府的更好结合，对全社会的市场主体预期和行为起到积极的引导作用，有利于进一步激发企业活力。同时，也有利于避免政府管理层层加码造成的市场扭曲及其给经济发展带来负面的外部性，从而更好地规范政府行为。

（五）补全碳普惠激励闭环，提升公园城市生态系统的服务功能

公园城市的建设离不开所有市场主体的努力。在碳普惠运营机制中，由政府根据城市气候、道路、居民出行等特征制定政策和规则，牵头搭建碳普惠合作平台以实现低碳的社会目标；碳普惠平台实际运营商为记录个体碳足迹、设计碳普惠激励及相关服务提供具体的运营支持，通过信息收集、汇总、分析和数据平台运营，在提升碳普惠平台使用者服务体验的同时，汇集个体碳足迹并参与碳市场交易，对践行低碳生活方式的个体给予相应的奖励。

社会公众是碳普惠平台的使用主体，通过践行绿色低碳的生活方式获得碳减排量，提升个人社会价值和获得感。碳普惠激励机制通过设计行之有效的运行机制，基于统一标准的方法学，使低碳生活体验提升、社会价值满足、社会目标实现形成一个闭环的碳普惠体系。补全碳普惠激励闭环，能够有效地调动公民参与的积极性，打造践行低碳生活的良好社会氛围。

碳普惠是一种"人人皆可为、人人皆愿为"的自愿减排机制。目前，在北京、浙江和广东等全国多个地区都开展了碳普惠机制，鼓励全民参与低碳生活。与这些城市和地区相比，公园城市应当发挥自身丰沛的绿色基地，充分利用绿色空间的开放性和共享性，塑造新型的低碳发展共享场景，让城市居民能够更加直观和直接地感受到公园城市生态系统服务对生活品质的提升，促进公民低碳意识觉醒，使每个

第六章　迈向生态—社会双向多元善治的公园城市治理新模式

人都自觉投入到公园城市低碳场景当中。

二　公园城市以健全完善的生态良法体系为治理保障

顺应生态文明理念下生态—社会双向多元善治的治理模式,我国法治建设要不断革新,从"管理"到"治理",从"法制"到"法治",以人为本,以生态为纲,以良法促进发展、保障善治。良法善治是社会主义法治的核心要义和价值追求,是全面依法治国、实现国家治理体系和治理能力现代化的必然选择。公园城市的生态良法体系是实现善治的前提,是实现生态—社会双向多元善治的保障。

2020年,我国第一次以五年规划形式提出法治建设纲要,全面推进科学立法、严格执法、公正司法、全民守法,为在新的起点上建设法治中国奠定坚实基础。[①] 健全和完善公园城市的生态良法体系,也应在这四个方面部署。一是科学立法,充分考虑公园城市特点和市民诉求,建立和完善法律规范体系,丰富公园城市的法治供给。二是严格执法,充分发挥法律的约束作用,持续推进公园城市的生态保护工作。三是公正司法,确保各项法律规定从纸面走入生活,各项权利从制度走向现实,以公正司法维护和优化公园城市的公共服务。四是全民守法,通过普及法律教育等手段,提升公园城市居民素养,共同维护法律尊严和城市秩序。

(一) 注重科学立法,丰富公园城市法治供给

首先,生态良法在于体现先进的立法理念。适应公园城市发展的立法理念应当包括公平正义、公开透明、以人为本、以生态为纲、以善治福祉为目的等核心价值。其次,生态良法应顺应立法对象本身的发展规律。法律不应该是创造或发明出来的,而应该是对公园城市的发展规律和实际需要的反映和反馈。再次,生态良法要保有对自然的

---

① 中央人民政府:《中共中央印发〈法治中国建设规划(2020—2025年)〉》,http://www.gov.cn/zhengce/2021-01/10/content_5578659.htm。

关怀和敬畏。立法者应尊重自然，顺应自然，充分贯彻生态文明思想，依靠法治力量保护生态环境，促进人与自然和谐共生。最后，生态良法应该是人民意志的表达。只有体现人民意愿的法律，才会被公众认可和拥护。

公园城市的法治体系要以科学立法保障高质量发展，以民主立法回应市民的切身诉求，以善法立法保障生态和社会的可持续发展。紧密围绕重点问题，科学选择立法项目。牢固树立"绿水青山就是金山银山"的立法理念，坚持以生态环境建设和保护为先，认真考量制度设定、监管模式和条款设计，对关键问题深入研究，切实增强制度设计的针对性。充分开展调研论证，关注与市民生活密切相关的生态要素，优化顶层设计，综合考虑群众关注度、成熟度、可操作性、各生态要素之间的关系、实施效果等因素，科学制定各项法规、条例和决定。

以生态宜居、绿色发展为重要原则，加强生态环境立法。将实践中成熟的经验做法和行之有效的举措及时凝练并上升为法规制度，用立法手段保障工作的有效落实，推动提升环境治理能力和水平，推动绿色发展方式和生活方式，保障生态宜居的公园城市建设顺利推进。坚持规划引领，注重发挥规划的战略引领和刚性约束作用；坚持源头预防，立法要具有前瞻性，防微杜渐；坚持从严标准，采取严厉的治理措施和法律制裁手段；坚持统筹治理，牢固树立"生命共同体"的生态保护理念，综合考虑各生态环境要素和它们之间的关系。

广察民意、汇聚民智，使每一项立法反映人民意志、得到人民拥护，是立出"良法"的必然要求。生态良法体系要解决人民群众反映最迫切的问题，诠释立法为民的理念。鼓励全民参与立法，推进科学立法机制的不断完善。可采用多种形式，广泛听取学术界的意见建议，进行认真研究和积极采纳。通过走访调研、网络问卷、实地考察等形式，深入群众挖掘诉求，针对呼声较高的问题进行集中处理，在立法中体现解决思路，并为后续立法提供参考借鉴。

第六章 迈向生态—社会双向多元善治的公园城市治理新模式

公园城市的生态良法体系将有力保护生态环境，保障市民权益。面对新形势新任务新要求，立法工作将积极回应时代命题，因城因势而设，与时俱进，引领公园城市的生态、经济和社会的全面发展。

（二）严格执法监督，护航公园城市生态保护

"十三五"时期，在习近平生态文明思想和习近平法治思想的科学指引下，各级生态环境执法队伍全面推进生态环境保护综合行政执法改革，生态环境保护综合行政执法与环保垂直管理相互配合，初步建立权责明确、边界清晰的生态环境保护综合行政执法体制。"十四五"时期将进一步加强生态环境保护综合行政执法机构规范化、装备现代化、队伍专业化、管理制度化建设，持续深化生态环境保护综合行政执法改革。[1]

公园城市的执法监督以城市的生态保护为首要目的，积极维护绿色生态场景，保护市民活动空间与生态环境自然交融的形态，并推动城市融入区域生态环境体系。建立完善多要素、跨领域的生态环境保护综合行政执法检查机制，完善区域交叉检查制度，调用行政区域内执法力量，统筹生态环境保护各项要素综合行政执法。

不断加强生态环境保护综合行政执法队伍建设，切实提高依法行政能力。坚持问题导向，着力解决影响社会经济发展和群众身心健康的环境问题。坚持依法行政，依法依规履行职责、行使权力，落实执法责任，遵循执法程序，严守办案规范，依法固定证据，正确适用法律。坚持改革创新，在生态环境保护执法工作中灵活应用新技术、新装备、新方法，优化执法方式，提高执法效能，形成与治理任务、治理需求相适应的生态环境保护综合行政执法水平。坚持综合施策，综合运用法律、经济、行政、舆论等治理手段，构建多层次、全方位的法律责任体系，避免以罚代管，切实提升执法实效。

---

[1]《生态环境部印发〈"十四五"生态环境保护综合行政执法队伍建设规划〉》，https://www.mee.gov.cn/ywdt/xwfb/202201/t20220110_966565.shtml。

畅通公众参与渠道，完善举报投诉机制。充分利用各种投诉举报渠道，加强环境污染问题信息搜集，强化媒体与行政监管部门问题线索信息互通，建立完善环境舆情的搜索、监控、调处和回应制度。完善举报奖励制度，明确获奖条件，细化奖励标准，简化发放流程，丰富奖励形式。畅通并发挥"12369"电话热线、微信、网络等举报投诉渠道的作用，积极回应群众关切，做到民意畅通、回应有力。

通过执法者和市民的双向作用力，聚焦于公园城市的政治建设、生态文明建设、经济建设、文化建设等领域，围绕公园城市的建设或转型过程中所面临的问题和任务，实现双向和多元的善治理念。

（三）健全司法职能，优化公园城市公共服务

公共法律服务由司法行政机关统筹提供，旨在保障公民的基本权利，维护人民群众合法权益，实现社会公平正义和保障人民安居乐业。公共法律服务中，党的领导、区域均衡发展、关怀特殊群体、全业务全时空的法律服务网络等均为关键要素，新时代司法在社会治理中将起到关键性作用。[1] 而公园城市的公共服务范畴中，维护生态环境、保障居民活动空间和自然生态和谐共生是其中的重要环节。

公园城市的基层法治建设首先依赖司法所，司法所发挥着化解矛盾纠纷、法制宣传、基层法律服务、法律咨询等服务功能，统筹提供法律援助、律师、公证、司法鉴定、仲裁等法律服务指引。[2] 随着生态文明体制改革的深入推进，生态环境部门履行生态保护监管的职责定位进一步明确，实施生态保护监管，打通生态保护和污染防治，为深入打好污染防治攻坚战提供有力保障。加强生态保护监管，严防各类生态破坏行为，科学推进生态保护修复，充分发挥引导和倒逼作用，促进生产生活方式绿色转型，提升减污降碳能力，不断增强市民

---

[1] 《司法部关于印发〈全国公共法律服务体系建设规划（2021—2025年）〉的通知》，http：//www.gov.cn/zhengce/zhengceku/2022－01/25/content_5670385.htm。

[2] 张晨：《发挥司法所职能作用 夯实基层法治根基》，《法制日报》2021年10月28日第4版。

第六章 迈向生态—社会双向多元善治的公园城市治理新模式

对优美生态环境的获得感、幸福感和安全感。

司法过程中，严格落实预警督办要求，对能够立即解决的，采取有力措施解决问题；对短期内无法解决的，制订工作方案，积极引导群众通过合理合法方式维护权益、化解矛盾。推进各级各类公共法律服务机构、服务平台业务数据整合，建立完善数据分析模型，增强大数据挖掘和分析能力，实现对各类风险矛盾的敏锐感知和精确预测。健全社会协同机制，加强人民法院、公安、民政等部门的衔接联动，加大信息共享，切实为司法部门科学决策、有效防控和化解社会风险发挥积极作用。按照"谁办理，谁公开"的原则，开设信息公开专栏，将举报情况、调查结果、整改方案及落实情况，及时准确地向社会公开。

（四）普及守法教育，提升公园城市居民素养

公园城市的建设，需要市民转变生产、生活和消费方式，将"人与自然和谐共生"的理念转化为每个人的自觉行动。然而，价值观念转变是一个长期的过程，需要充分发挥教育的基础性、先导性和全局性作用。如今，民众的生态意识也在不断提升，对良好生态环境的诉求日益强烈，对清洁空气、水、土壤等基本生活需求的标准进一步提高，对生态福祉有了全新的认识和思考，这些为生态良法的普及教育奠定了良好的基础。

普及守法教育，首先需要统筹规划和顶层设计，并明确提出教育目标和系统的推进措施。将良法、守法教育融入干部培养体系，建立从幼儿教育、基础教育到大学教育的完整课程体系，以及从学校教育到社会教育的系统性的终身教育体系。平衡并充分整合各地区、各部门之间教育资源，最大化避免重复建设、资源浪费等问题。推动全面落实国家机关"谁执法，谁普法"的普法责任制，在立法、执法、司法过程中开展实时普法。综合运用法律、经济、行政、舆论等治理手段，充分发挥新闻媒体、社会讲堂、旅游景点、公益实践、国际交流合作等方面的优势和资源，以多种形式开展全民守法教育。

明确对社会公众进行生态文明知识普及、道德培育和行为塑造。一是要树立生态安全、生态责任和生态文明意识，培养生态伦理美德。二是普及生态文明法治化建设，在生态环境领域强化公众的守法意识，提高生态环境法治素养。三是不断优化市民自身的生态环境行为，如主动节能减排，选择低碳生活、绿色消费方式，将生态环境的承受力纳入日常决策中。四是积极主动参与生态环境治理，如通过官方网站为环境部门建言献策，或通过环保举报热线、"随手拍"等方式监督举报破坏生态环境的行为。

三 公园城市以智慧城市为主要治理方式

近年来，高速发展的信息技术被广泛应用于城市治理的多个领域，智慧科技已逐渐成为破解城市治理难题的有效解决方案，催生出以"智慧城市"为代表的新型治理模式。通过智慧赋能，将智慧城市的技术优势与政府治理的制度优势有机结合，实现城市治理的现代化。公园城市是生态文明理念下城市发展的新范式，是社会发展到高级阶段的城市形态，公园城市的治理也必然是先进的、现代的，因此智慧治理也是适用于公园城市的治理手段。公园城市的生态环境、市民生态空间等应用场景，以及公园生境与社会环境的实时交互和双向治理赋予了智慧治理新的灵感，也向智慧治理提出了全新的要求和挑战。

(一) 智慧手段助力实现生态—社会双向治理

城市环境分为自然环境和社会环境，两者共同作用形成复杂的治理环境。生态—社会双向治理是公园城市治理的核心内涵，既体现在自然环境对社会环境的约束与服务，又体现在社会环境对自然环境的适应和营造。智慧治理赋予公园城市新的生命力，通过六大关键技术，即物联网、云计算、5G、大数据、空间信息技术和人工智能[1]，

---

[1] 李晴、刘海军：《智慧城市与城市治理现代化：从冲突到赋能》，《行政管理改革》2020年第4期。

第六章　迈向生态—社会双向多元善治的公园城市治理新模式

公园生境和城市社会得以相互联动，不断进化。

一方面，自然环境对城市社会的约束作用需要智慧化手段协助实现，例如空气或水质量的恶化，经由智能检测设备通报给城市管理人员，相关部门及时精准地做出响应，进而激发市民规范和改变自身行为来保护生态环境。自然生态对城市社会的服务则通过生态服务价值实现，例如在风景宜人的公园餐厅、咖啡厅，市民收获自然馈赠的美景、舒适的身心享受。而智慧手段可以进一步提升服务的质量和效率，例如利用智慧停车系统帮助车主更快地找到车位，缩短车位空置时间；利用智慧科技精准控制公园内的照明系统，节约能源，也可实现人性化控制，精准对接市民需求。

另一方面，城市社会对生态环境的适应体现在尊重自然、顺应自然的各项经济社会活动中，例如对城市内部特定动植物栖息地和活动场所的隔离和保护，需要智慧技术的监测和追踪功能，做到精准布局、实时响应。城市社会对生态环境的另一层作用也从往日的"改造"过渡到"营造"，旨在大大降低人对环境施加影响的力度。例如，摒弃过去开山挖土、"万丈高楼平地起"的开发模式，开发因地势而建的建筑和景观；不同于往日对着规划图纸"纸上谈兵"，而是顺应市民的行为习惯做出决策，例如遵从市民行走路径而开辟出的绿道和草坪。这些城市社会对生态的营造，往往需要智慧技术对自然形态的准确感知，或是对市民行为实时记录，并加以合理的分析和应用。

（二）营造公园城市智慧治理的场景

公园城市以其创新的发展模式和城市形态，为智慧治理提供了全新而独特的应用场景。场景是体现公园城市发展新空间、提升人民美好生活新体验的重要载体，是全景式呈现新发展理念的城市表达。它还是城市资源要素有效汇聚、协同作用、价值创造的系统集成，是人们文化认同、美学价值、美好生活的关系网络。公园城市的场景智慧化，侧重于智慧科技对场景营造的赋能和对场景运营的提效，通过各类技术增强的氛围营造、人本需求的舒适构造、公共空间的美学设计、精神追求的物化表达，赋予市民幸福美好的生活体验。[①]

首先，生产场景的智慧化将助力产业协作协同、技术联合攻关，形成要素资源集成、产业配套合作、市场供销便捷的经济新形态。重点营造数字基建场景，推进构建城市、区域和全国一体化大数据中心体系等基础设施建设；数字化转型场景，推动制造业企业数字化转型，加快工业互联网创新发展，支持规模以上工业企业通过开展数字化诊断、生产过程数字孪生等方法实现数字化改造；智能制造场景，推广应用网络协同制造等新模式，建设数字化车间、智能工厂、标杆企业，实施数字化智能化应用；数字产业融合场景，打造"研发＋生产＋供应链"数字产业链，形成大中小企业联动发展、上中下游企业跨界融合的数字产业集群。

其次，生态宜居场景的智慧化将为公园城市的全民共建提供便利。营造清洁能源、低碳能源使用场景，规划布局和完善互联互通的共享能源和充电服务网络。营造绿色空间场景，包括绿色交通、绿色建筑、绿色出行等场景，利用智慧技术推广低碳交通、共享交通的使用，打造以建筑信息模型（BIM）技术为核心的绿色智能建造应用。营造"数智环境"场景，持续推进生态环境监测与监管、环境审批与服务等数字化建设，构建生态环境治理信息化支撑体系。围绕生态涵养与保护修复需求，构建公园绿道、城市公园和绿地等生态系统场景，推动全域城市公园化，如成都市的"五绿润城"生态场景和"河湖林岸"绿色生态网络体系。[②]

最后，营造低碳消费智慧化场景，对市民的低碳环保行为发放碳积分奖励，引导商超、餐饮、景区、酒店等消费领域实施智能低碳管

---

① 彭惊：《企业入选"应用场景示范案例"最高奖励100万元》，《成都商报》（电子版），http：//e. chengdu. cn/html/2022 - 10/13/content_ 740930. htm。

② 彭惊：《企业入选"应用场景示范案例"最高奖励100万元》，《成都商报》（电子版），http：//e. chengdu. cn/html/2022 - 10/13/content_ 740930. htm。

理。营造环境健康场景，通过智慧手段的感知和监管，持续推进固体废弃物源头减量和资源化利用，引导市民共建"无废城市"，提供土净地美、简约健康的人居环境。

（三）公园城市智慧治理的路径与创新

智慧科技正在不断提升城市的现代化治理能力，向着信息化、高效率、协同性和科学化的方向迈进。科技日新月异，公园城市的特征、形态和治理模式也在不断演变，探寻公园城市实现智慧赋能的可能路径，具有重大的理论和现实意义。

明确公园城市智慧治理的整体性核心。整体性智慧治理有利于解决公园城市的多元治理主体之间的信息壁垒及碎片化管理等问题，强调整体规划和智慧技术的有效整合，应用系统思维、跨界思维和智慧思维实施治理。树立全局意识和系统分析方法，借鉴平等、协作、共享、开放的互联网思维，引入新一代信息通信技术（ICT）手段，消除专业和学科边界，树立共享、关联和智慧化的现代治理理念。

以物联网、云计算、5G、大数据、空间信息技术和人工智能等新兴技术为公园城市智慧治理的驱动要素。通过信息技术的集成应用推动城市治理模式创新，物联网负责数据采集、云计算进行数据处理、移动互联网承担数据传输、人工智能应用于生态环境感知，深入挖掘数据价值，多维度投射场景应用，跨部门跨领域协同，全民参与优化迭代，构建公园城市的智慧治理新模式。建设全市统一的物联感知管理平台，推进地下、地面、空中感知设备统一接入、集中管理、远程调控和数据共享，提升城市"视觉感知"和"状态感知"能力，实时监测城市运行体征。

以应用场景为公园城市智慧治理的载体，通过智慧手段打造多场景互联互动的有机生命体。完善"城市大脑"，搭建智慧运行管理平台，聚焦智慧生产、智慧生活、智慧消费等实际场景，围绕公共服务、公共管理、公共安全等领域，结合信息技术推动治理方式的创新。场景设计要充分考虑智慧技术对公园生境的增色，打造公园生境和宜居生活有机融合的新空间,提升市民的美好体验。形成"感知分析、决策行动、实时反馈"的闭环管理体系,倾听市民心声,及时发现问题,动态跟踪,有效修正。着眼"筑景成势",形成智慧治理城市场景的体系化,创新打造多场景集聚区,充分利用5G、大数据等技术发挥多场景互联互动和集聚效应,打造新时代美丽宜居公园城市生命体。

公园城市的智慧治理以善治为准则,以民生福祉为目标。坚持目标导向,才不会专注"炫技"而脱离公园城市治理的本意和实质。智慧治理不应过分专注技术,而是要以人为本,赋予科技以"温度",深度运用智慧科技推进善政福祉的实现。能感知、会思考、可进化、有温度的智慧治理才是符合公园城市内涵的治理模式。

总的来说,公园城市的智慧治理充分体现了公园城市的生态—社会双向多元善治的核心内涵,是一种以整体性治理为核心,以智慧技术为驱动要素,以善治为准则,以民生福祉为目标,综合保障城市的公园生境和城市社会共同可持续发展的系统。

第五节　公园城市率先实现生态—社会双向多元善治的条件

综合上述论证,公园城市已具备率先实现生态—社会双向多元善治的条件。第一,公园城市是从农耕文明、工业文明,直到生态文明而自然形成的城市发展新范式,是生态发展新阶段的必然,公园城市治理也必然契合生态文明城市发展范式下的治理模式。第二,当前气候灾害频发,世界各国高度重视应对气候变化,我国也提出了"二氧化碳排放力争于2030年前达到峰值,努力争取2060年前实现碳中和"目标,这形成对当下各项活动的刚性约束,也为公园城市的发展创造了良好的政治条件。第三,我国市场经济充分发展,生态文明理

第六章 迈向生态—社会双向多元善治的公园城市治理新模式

念深入人心,生态价值越来越广泛地获得认可,转换机制日益成熟。第四,社会组织、团体和个人对生态权益的呼声日渐高涨,形成了良好的社会舆论环境。第五,公园城市逐步完善健全的生态良法体系为实现生态—社会双向多元善治提供坚实保障。第六,日新月异的智慧技术使得实现自然和社会的实时交互成为可能。日渐成熟的生态、政治、经济、社会、法律和技术条件,共同推进公园城市率先实现生态—社会双向多元善治。

参考文献

（一）中文文献

［英］艾伦·麦克法兰：《给四月的信》，马啸译，生活·读书·新知三联书店 2015 年版。

包存宽：《生态文明视野下的空间规划体系》，《城乡规划》2018 年第 5 期。

蔡文婷、王钰、陈艳等：《团体标准〈公园城市评价标准〉的编制思考》，《中国园林》2021 年第 8 期。

陈广汉：《产业升级和发展方式转变的一种模式——基于南海都市型产业社区的研究》，《学术研究》2010 年第 11 期。

陈明坤、张清彦、朱梅安等：《成都公园城市三年创新探索与风景园林重点实践》，《中国园林》2021 年第 8 期。

成实、成玉宁：《从园林城市到公园城市设计——城市生态与形态辨证》，《中国园林》2018 年第 12 期。

董亚炜：《加强党的全面领导 以"五大创新"引领公园城市建设》，《四川党的建设》2020 年第 1 期。

窦璐：《城市生态公园服务场景研究：量表开发与作用机理》，《城市问题》2021 年第 2 期。

杜文武、卿腊梅、吴宇航等：《公园城市理念下森林生态系统服务功能提升》，《风景园林》2020 年第 10 期。

段德罡、黄博燕：《中心城区概念辨析》，《现代城市研究》2008 年第

10 期。

范颖、苟建汶、李果：《城乡融合引领下乡村空间生产与"乡村+"发展路径探讨——成都公园城市城乡融合乡村振兴典型案例的启示》，《农村经济》2021 年第 7 期。

郭勇：《产业发达地区建设都市型"产业社区"的新探索——以广东省佛山市南海区为例》，《中共银川市委党校学报》2015 年第 1 期。

韩若楠、王凯平、张云路等：《改革开放以来城市绿色高质量发展之路——新时代公园城市理念的历史逻辑与发展路径》，《城市发展研究》2021 年第 5 期。

郝钰、贺旭生、刘宁京等：《城市公园体系建设与实践的国际经验——以伦敦、东京、多伦多为例》，《中国园林》2021 年第 S1 期。

黄明华、肖佳、周依婷等：《从花园城市到公园城市——城市规划中国特色理论创新的实然、应然与必然》，《规划师》2022 年第 3 期。

蒋鑫：《新发展阶段、新发展理念、新发展格局的系统性逻辑分析》，《经济纵横》2022 年第 7 期。

李芷汀、钟升明、徐梦蝶：《新公共服务视角下公园绿地休闲性量化评价——以重庆市为例》，《西南大学学报》（自然科学版）2022 年第 7 期。

梁佳宁、熊国平：《我国大城市开发边界划定研究》，《城乡规划》2019 年第 3 期。

廖茂林、占妍泓、周灵等：《习近平生态文明思想对公园城市建设的指导价值》，《中国人口·资源与环境》2021 年第 12 期。

刘滨谊、陈威、刘珂秀等：《公园城市评价体系构建及实践验证》，《中国园林》2021 年第 8 期。

刘鹤：《加快构建以国内大循环为主体国内国际双循环相互促进的新发展格局》，《资源再生》2021 年第 9 期。

刘彦彤、彭腾、张云路：《公园城市目标下城市绿地系统建设的国际经验：基于英国伦敦实践研究》，《中国园林》2021 年第 8 期。

刘志强、韩纯、余慧等：《城市"公园—人口—建设用地—经济"耦合协调发展的时空分异特征——以我国东部沿海五大城市群为例》，《生态经济》2022年第6期。

罗翔、曹慧霆、沈洁：《新加坡城市功能融合及其对浦东新区的启示》，《科学发展》2021年第7期。

毛燕武：《从产业园区到产业社区缔造城市休闲新空间路径》，《当代旅游》2021年第19期。

潘家华、陈蛇：《公园城市发展报告（2020）》，社会科学文献出版社2021年版。

彭楠淋、王柯力、张云路等：《新时代公园城市理念特征与实现路径探索》，《城市发展研究》2022年第5期。

石楠、王波、曲长虹等：《公园城市指数总体架构研究》，《城市规划》2022年第7期。

孙良辉、鄢泽兵：《解读城市形态的三个分支理论——读〈Good City Form〉有感》，《山西建筑》2004年第18期。

孙喆、孙思玮、李晨辰：《公园城市的探索：内涵、理念与发展路径》，《中国园林》2021年第8期。

王斌：《场景化治理：市域社会治理的创新与发展——重庆市沙坪坝区的实践样本》，《重庆行政》2021年第2期。

王宏达、李方正、李雄等：《公园城市视角下的城市自然系统整体修复策略研究——以成都市东进区域为例》，《中国园林》2021年第12期。

王建国：《城市设计》，东南大学出版社2010年版。

王军、张百舸、唐柳等：《公园城市建设发展沿革与当代需求及实现途径》，《城市发展研究》2020年第6期。

王香春、王瑞琦、蔡文婷：《公园城市建设探讨》，《城市发展研究》2020年第9期。

王燕、杨忠伟：《"城市双修"下苏州生态空间限建区开发保护策略》,《苏州科技大学学报》(工程技术版) 2021 年第 1 期。

王忠杰、吴岩、景泽宇:《公园化城,场景营城——"公园城市"建设模式的新思考》,《中国园林》2021 年第 S1 期。

[美] 威廉·诺德豪斯:《绿色经济学》,中信出版社 2022 年版。

吴良镛:《历史文化名城的规划结构、旧城更新与城市设计》,《城市规划》1983 年第 6 期。

吴岩、王忠杰、束晨阳等:《"公园城市"的理念内涵和实践路径研究》,《中国园林》2018 年第 10 期。

吴志强、李欣:《城市规划设计的永续理性》,《南方建筑》2016 年第 5 期。

颜金珊、祝薇、王保盛等:《转型中工业城市的公园绿地社会公平性研究——以东莞市东城街道为例》,《生态学报》2021 年第 22 期。

杨华、张春晓:《城市中央商务区高强度开发的规划指标特征分析——以深圳福田中心区为例》,《南方建筑》2013 年第 5 期。

叶洁楠、章烨、王浩:《新时期人本视角下公园城市建设发展新模式探讨》,《中国园林》2021 年第 8 期。

殷学文、于光宇:《公园里的中心城区——福田公园城市建设路径研究》,《风景园林》2020 年第 10 期。

余蕊均:《中国工程院院士吴志强谈"公园城市":公共底板下的生态、生活与生产》,风景园林网:http://chla.com.cn/htm/2018/0516/268199.html。

俞可平:《治理和善治引论》,《马克思主义与现实》1999 年第 5 期。

袁琳:《城市地区公园体系与人民福祉——"公园城市"的思考》,《中国园林》2018 年第 10 期。

张桅、胡艳:《长三角地区创新型人力资本对绿色全要素生产率的影响——基于空间杜宾模型的实证分析》,《中国人口·资源与环境》2020 年第 9 期。

张亚楠:《无边界公园城市示范区城市设计探析——以成都简州新城

龙马湖片区为例》,《规划师》2021年第12期。

张袁、顾大治、张元龙等:《城市重点生态空间保护性规划研究——以青岛市崂山生态片区为例》,《青岛理工大学学报》2020年第4期。

郑家昊:《论政府类型从"统治"到"管理"的转变》,《天津行政学院学报》2013年第3期。

曾真、朱南燕、尤达等:《基于模糊综合评价法的城市湿地公园游憩功能评价研究——以三明市如意湖湿地公园为例》,《中国园林》2019年第1期。

朱孟晓:《以城市协同化发展助推区域协同发展》,《山东干部函授大学学报》(理论学习)2022年第2期。

邹锦、颜文涛:《存量背景下公园城市实践路径探索——公园化转型与网络化建构》,《规划师》2020年第15期。

(二) 英文文献

Bahalul Haque, K. M., Bharat Bhushan, Gaurav Dhiman, "Conceptualizing Smart City Applications: Requirements, Architecture, Security Issues, and Emerging Trends", *Expert Systems*, Vol. 39, No. 5, 2021.

Chai Keong Toh, "Smart City Indexes, Criteria, Indicators and Rankings: An In-depth Investigation and Analysis", *IET Smart Cities*, 2022.

Chen Yimin, Xinyue Chen, Zihui Liu, Xia Li, "Understanding the Spatial Organization of Urban Functions Based on Co-location Patterns Mining: A Comparative Analysis for 25 Chinese Cities", *Cities*, Vol. 97, 2020.

João Vitor Souza Teixeira, Renata Maria Abrantes Baracho, Dagobert Soergel, "Smart Cities, Sustainability, and Quality of Life: A Comparison of Indexes and the Indicators They Include", *Journal of Systemics Cybernetics and Informatics*, Vol. 20, No. 2, 2022.

Konstantinos Kourtzanidis, Komninos Angelakoglou, Vasilis Apostolopoulos, Paraskevi Giourka, Nikolaos Nikolopoulos, "Assessing Impact, Performance and Sustainability Potential of Smart City Projects: Towards a Case Agnostic Evaluation Framework", *Sustainability*, Vol. 13, No. 13, 2021.

Nelson Pacheco Rocha, Ana Dias, Gonçalo Santinha, Mário Rodrigues, Carlos Rodrigues, Alexandra Queirós, Rute Bastardo & João Pavão, "Systematic Literature Review of Context-awareness Applications Supported by Smart Cities' infrastructures", *SN Applied Sciences*, Vol. 4, No. 4, 2022.

后　记

　　发展范式的创新、完善和固化，标志着人类社会文明形态的演进。公园城市为生态文明的社会形态提供了新的城市发展范式，其发展范式远远超越了工业文明的技术范式。本书凝练分析公园城市发展范式的理论基础，探寻研究公园城市建设的实践经验，以期探索创建一种人与自然和谐发展的理想城市。

　　公园城市的理念是在我国推进生态文明转型的大时代背景下，关于城市建设的创造性论述，为我国践行新发展理念、破解城市发展难题、改善民生福祉提供了方向，在城市建设和生态文明建设上具有开创性的意义。公园城市是"以人为本"的城市，其实质是一种城市发展的高级社会形态，旨在建构和维护人与自然的和谐共生，生态、生活、生产平衡统一，从而达到"人、城、境、业"深度相融的现代化城市。公园城市体现高人文与高科技的平衡，蕴含了高深的东方哲学思想，自然为本，天人合一。公园城市建设是"以人为本"的城市，"以人为本"内嵌"天人合一"、人与自然和谐共生、尊重自然、保护自然、顺应自然的理念。面对公园城市这一新生事物带给我们的机遇与挑战，我们既需要谨慎地回到历史中去找寻逻辑、总结经验，又要突破禁锢，大胆前瞻。

　　本书探讨了公园城市发展的哲理基础和动力支持，立足于公园城市规划设计的本质内涵和价值目标，探索公园城市的建设规划路径，为生态文明发展范式下公园城市的高质量发展提供可复制可推广的经

后　记

验。在回顾国内外城市发展实践的基础上，从城市更新改造、拓展新建、乡村表达和区域协同等视域出发，探讨了公园城市的建设路径，并探索研究了迈向生态—社会双向多元善治的公园城市治理新模式。

本书主要作者为中国社会科学院学部委员、中国城市经济学会公园城市专委会主任潘家华，中国社会科学院生态文明研究所可持续发展经济学研究室副主任廖茂林。具体章节撰写分工如下：第一章，季曦（北京大学）；第二章，王国峰（山西财经大学）、张智勇（贵州省社会科学院）；第三章，孙传旺（厦门大学）、闵嘉琳（厦门大学）；第四章，毛杰（成都市社会科学院）、贾晋（西南财经大学）；第五章，廖茂林（中国社会科学院）、唐艳（成都市社会科学院）、江洁（北京青年政治学院）、张清彦（成都市公园城市建设发展研究院）；第六章，马啸（中国社会科学院）、李曼琪（中国社会科学院）、李雨姗（中国社会科学院）。

在本书的编写过程中，参考了国内外众多专家学者的研究成果，感谢成都市社会科学院成都研究院的资助；本书在完成过程中得到了成都市社会科学院相关领导以及科研人员的指导、支持和帮助，在此一并表示感谢。